【文庫クセジュ】

古代ローマの女性たち

ギイ・アシャール著
西村昌洋訳

白水社

Guy Achard, *La Femme à Rome*
(Collection QUE SAIS-JE ? N° 2950)

目次

はじめに

「母は、貞淑にも、自らの子を育て……家にとどまり子らに仕えることを何より誇りとした……。稽古や務めのみならず、気晴らしや遊びにおいても、羞恥と同様慎みをもって節度あるふるまいをしたものだった」。これが、まったくの教訓用のものではあるが、『弁論家に関する対話』（二八・四）において共和政時代になされていた教育について触れる際にタキトゥスが描く、往古の母の姿である。だがユウェナリスの『諷刺詩』においてはまったく別の描写がなされている。それは、女性たちが集う宗教的なものであるはずのある儀式〔ボナ・デアの祭儀〕の際に繰り広げられていたとみなされている情景である。「だが、この女たちの好色な欲望はもうこれ以上待たされるのに我慢ならない。……洞窟の下、叫び声が響き渡る。『男たちに入ってこさせて』。情夫は眠ってしまっている。彼は外套を取り、急いで来るよう命ぜられる。情夫はいない。すると奴隷が非難される。奴隷もいない。すると水運び人が入ってこさせられる……」（六・三二七〜三三二）。

同様に、オウィディウスのような詩人たちが描く、かのサビニ人の女たちや、農場での労働に携わり毛糸を繰り紡ぐことに自分の時間を捧げたと伝えられるローマ人の女たちの姿（『美顔法』一一以下参照）と、タキトゥスあるいはスエトニウスが想起させる帝政期の好戦的な貴族女性や、自分の夫に任された軍団の閲兵を行なうことも辞さない将軍の奥方たちの姿（『年代記』二・五五、他）との対照もなんと大きいことか。

かくもばらばらな描写を前にすると、ローマにおける女というものの正確なイメージを描くことは容易ではないように思える。ルクレティアやコルネリアのように威厳と慎みに満ちた淑女と、メッサリナやアグリッピナのような放埒で野心的な女、どちらが真のローマ人女性なのだろうか。

実際には、性急な一般化は慎み、様々な状況と環境を、とりわけ時代ごとの違いを、精査しなければならない。第一点。ローマ社会を一まとめにして考察することはできない。ローマは平等主義の社会ではない。その草創期にはパトリキ〔貴族〕とプレブス〔平民〕という都市ローマの二大階層の間に深淵な溝が横たわっていたし、後の時代でも上流社会の婦人方と民衆の女たちの間にこれといった共通点など見つけられない。第二の注意点。伝説上の都市ローマ創建の年である紀元前七五三年と、伝統的に盛期帝国終焉の時期とされている後三世紀初頭の間に、ローマはその姿を大きく変えた。初期の時代、この都は貧しく質素だったが、相対的に均質でもあり、もっぱら農民と兵士から成っていたが、前二世紀以降、驚くほどの拡大と富裕化を遂げ、その過程で多様化し様々な人々と多種多様な職業とに門戸を開いていった。生活様式、市民の境遇それ自体も完全に変化した。女性の地位も同じままではいられない。それゆえ、ここでの分析には含みを持たせ、かつ通時的なものにしなければならない。

この研究を行なうには、手段が不足している、あるいは慎重さを要する。実際、最も古い時期に関しては資料がほとんどない。その後の時代だと、文献資料は紀元前三世紀末ごろにようやく姿を現わすのだが、文学作品はほとんど男性作者の専有物であったため、信用ならない。他方、作家たちには——当然のことながら、男性本位の視点に立って——遠い過去を理想化する傾向もある。最後に、諸作品は概して社会の支配者集団、すなわち元老院階級と騎士階級か、あるいは娼婦の世界に関連するものである。女たちの声が聞こえることは稀であるし、聞こえるときでも、それはそれなりの地位を持っているかまたは特殊な世界に生きている女の声であって、それも男たちを介して聞くことになる。しかも、劇作品や詩作品を根拠にすることはほとんどできない。それらはローマでも他のどこの国におけると同様、主に愛と女性の感情を糧に創作されるものであるが、そうした作品は、実際にはギリシアの影響が色濃いものであり、とりわけアテナイ人の習俗を反映したものである。他方、扱う時代の終わりのほうになると、キリスト教作家の価値判断に用心しなければならない。彼らには異教世界をひどく悪し様に解するかまたは中傷する傾向があるからだ。法や医学に関わる資料はというと、非常に有益なものではあるものの、記述がいつごろのことを指しているのかを正確に述べていることは稀であり、不幸にして後一世紀以後にならないと数も僅少である。

だが少なくとも図像資料や碑文は残っていると言う人もいよう。だが、最初期の名のある作品は数の上で限定的であり、往々にして非常に型にはまった表現にとどまる。何よりそれらはポンペイという高度にヘレニズム化された地方で発見されており、劇作品や詩作品に劣らずギリシアの影響を受けている。碑文の場合はというと、一見より信頼できそうであるし、本物の夫婦の感情を表わしているように思われることも間々あり、境遇、年齢、家族等についてデータを提供してくれるが、分析を進めていくとこれも往々にしてステレオタイプ的であり不完全なものであることがわかる。

それゆえ、用心してこうした証拠のすべてを利用しなければならないが、どれもこれも退けるようなことも慎まねばならない。観点自体は往々にして男性本位のものであるとしても、それでもそれは必然的に、そこに女性も組み込まれかつその枠内で自己を認識していたイデオロギーを反映しているのである。同様に、言及されている習俗もおそらくは特定の階層のものであるが、この階層こそが必然的に都のその他の人口に影響を及ぼしていたのである。外国に起源を持つ諸作品についていうと、それらはラテン作家によって読者や観客の好みに合わせて脚色されずにはすまなかった。確かにそれはとりわけローマ人の男性に合わせてということだが、同時にかなりの程度女性に合わせてでもあるのだ。

第一章　王政から共和政中期――未成人にして奥方

古い時代、すなわち王政期と共和政最初の三ないし四世紀間において、ローマ人女性はヤヌスのように二つの顔を見せる。女が従属的な地位に置かれていたことは否定できないものの、女の有するある種の威厳が承認されてもいたからである。

I　否定しがたい従属性

ローマの共同体は当時、男社会だった。ローマ史初期の数世紀間を紐解くと、どの部分を見ても女たちの存在は完全に無視されている。彼女たちは最も枢要な活動、すなわち政治、司法、宗教、戦争からは実質的に排除されていた。ロムルスとレムスの母であるレアが二人の赤子を産んだ時点で話から姿を消し、二人の子は雌オオカミに養われたという伝説の語り口は示唆的である。ローマはその草創期にはただ男のみをその避難所《アシュルム》の中に集めたのであり、ほとんど史上唯一といってよいが、一時期女抜きで機能した社会というもののイメージを伝えている。

1　従属的な少女時代

この世界に生まれ落ちる時点で、女の子は男の子ほど好意的には迎えられない。「早く男の子を授けたまえ」と、やがて詩人カトゥッルスは新婚夫婦に語ることになる（『カルミナ』六一・二一一～二）。自分の男兄弟とは反対に、女の子には個人名が与えられることはない。トゥッリウス氏族の娘はトゥッリア、コルネリウス氏族の娘はコルネリアという風になる。その一族に生まれた他の娘も皆同じ名である。まるで誰もが女の子から人格を失わせようとしているかのようにすべては運ぶ。女の子はその母によって家庭の枠組みの中で育てられるが、父の権威に服しており、父は娘に対してあらゆる権能を振るう。手権《マヌス》あるいは家父長権《パトリア・ポテスタス》と呼ばれる権能であり、これは娘を奴隷と同じようにレス・マンキピ、すなわち「所有の対象」にしてしまう。娘は家を切り盛りし家事全般をこなすことを習うのである。

2　非常に早くになされる婚約

若い娘、というよりむしろ女児が、結婚を誓うのは概してきわめて早い段階においてだった。結婚は娘の当然の使命と考えられており、特に有力家門においては独身はほとんど知られていない。ローマ人の女は十二歳の時点で妻となることも稀ではなく、さらにプルタルコスの話を信じるなら（「ヌマ伝」二六）、さらに早い。その夫がかなりの年長であることは常であり、通例二十歳くらいであった。これはおよそ十一歳くらいでの婚約を意味するが、実際にはさらに三、四年早いことも間々あった。こうした婚約のあり方のため、結婚する女が相手に好意を持っているかどうかなど当然考慮されなかったが、この若さを考えると果たして好意を持つこと自体できただろうか。そもそも婚約者同士がお互いを知らないということも間々あった。いずれにせよ、一時の気の迷いや身体的外見の魅力などはほとんど意味を持たなかった。感傷などの働く余地はない。感情の発露はローマではまず見られない。恋の激情は用心された。両親が願うのは社会的に類似した階層内での釣り合いの取れた縁組である。そもそも結婚自体古い時代においてはコヌビウム、すなわち結婚権が生じる場合にしか結ばれえなかった。この権利も前五世紀半ばにカヌレイウスの平民会決議が通るまで、パトリキとプレブスの間には存在していなかった。

結婚の約束は概して二人の父の間かあるいは娘の父と夫となる男の間で交わされた。やり方は明快である。すなわち、「父がその娘を婚約させる」のである（ティトゥス・リウィウス『ローマ建国史』三・四四）。口頭での正式な約束であれ、書面での契約であれ（こちらはおそらく前四世紀以降）、問題なのは所定の形式に則ることとである。これは将来の夫をも拘束し、不履行の場合には法廷で損害額を査定し、かつ一般的には補償金の見積りをすることになった（アウルス・ゲッリウス『アッティカの夜』四・四）。「婚約者」を意味するスポンサという言葉は実際「契約の対象である女性」を指した。

婚約を交わした娘は結婚の際、当然処女として嫁がなければならなかった。数多くの逸話がそれを証言している。たとえばプブリウス・メニウスは、本人曰く、自分の娘は初めての接吻をその夫のために取っておかなければならなかったにもかかわらず、娘と接吻を交わしたという理由で、本当はお気に入りの解放奴隷の一人を、死でもって罰したという（ウァレリウス・マクシムス『故事著聞集』六・一・四）。のちに詩人のカトゥッルスもやはりこのような言葉で処女の純潔を称揚することになる。「閉ざされた庭の中、家畜というものを知らず……、そよ風に撫でられ、太陽に育てられ、雨によって養われ、庇護のもと咲く花は、数多の少年らの欲求の的……、だがいったん摘み取られるや、捨てられてしまう……。同じく、若い娘も無垢である間は家族の誰からも大事にされるが、汚れて純潔を失えば、少年たちももはや彼女に見向きもしない」（『カルミナ』六二・三九以下）。

3　結婚——象徴的儀礼

古い時代のラティウムにおける結婚の性質についてはたびたび議論されてきた。そこで誘拐のようなことは行なわれていたのか。相互の同意によって婚姻は取り結ばれていたのか。結婚は親によって取り決められていたのか。結婚自体、物々交換のようなものだったのか。インドの結婚制度もこのように多様な形態を見せていることに注目する必要がある。面白いことに、ローマ人の男とサビニ人の女の間で結ばれた最初の婚姻は、誘拐行為であると同時に、妻の側からの事後承諾と最終的には親の側への損害賠償で収まったようなのである。実際、二つの点を考慮に入れなければならないのであろう。一、結婚は戦時と平時において同じものではなかった。ローマはおそらく古い時代には、奴隷化というよりは結婚という形で落ち着くような類の誘拐をしたり、より平和的に姻戚関係を結ぶといったことをしていた。二、私たちは複数の身分から構成される社会を相手にしているのであり、社会内の階級に応じて結婚のあり方も異なっていたはずだということを、理解しなければならない。支配階級内では厳粛な結婚の儀式が、軍事的な集団の中では誘拐行為が、農業共同体の内部では人と人との交換が、というように。インド - ヨーロッパ語族に属する社会の多くでは、こうしたことはよく起こったのである。

ともかく時代を下ると、社会集団に応じて多様な形式が見られるようになる。多くのパトリキのもとでは、二人の配偶者が最高神祇官と十人の証人の前で、粗末な小麦の菓子、ファッレウム・リブムを分け合う（ここからこの種の結婚にはコンファッレアティオ[1]、ファッレウム共食式結婚という名が付けられた）。粗末な小麦を用いることはこの儀式の由来が古いことを表わしており、それを分け合うのは配偶者たちが苦楽のすべてを分かち合う意思を象徴するとされる（ハリカルナッソスのディオニュシオス『ロー

（1）パン共用式婚姻、神官と証人の前でパンを捧げるローマの結婚の形式の一つ。

マ古代誌』二・二五)。これは長い間、唯一の「正当な結婚」、当初はパトリキのみに許された結婚権であった。やがてローマ市第二の構成要素となる最初の余所者たち、プレブスは、後に前五世紀半ばころになって広まるようになる以下の二つの形式に甘んじていた。この別の二つの形式とは、小額の硬貨の交換によって表わされる擬制的売買を伴うコエンプティオ、共買式結婚[2]と、人を物品の所有者にする使用権を意味する語であるウースス、すなわち使用式結婚[3]である。この一種の同棲関係は親の承諾をもって取り結ばれる。

各種の婚姻に固有のこうした個別特殊な要素を別にすると、すべての結婚の儀式は共通の特徴を示している。日付としては、戦争の始まる月である三月と葬式の月である五月、そして諸々の祭日を除外するよう定められている。儀礼のあり方に関していうと、そのいくつかはインドの結婚においても見出されるため、おそらく時代をかなり遡るものであるが、それが何を意味するのかはあまり明瞭ではない。それゆえ、その祝宴の催され方が、最も完璧な形態をとどめているのはここなのである。まず第一に新婦の身支度から始められる。その髪は、「独身者の槍」、ハスタ・カエリバリスと呼ばれる、先が鋭い穂先のようになった謎めいた細い棒によって六本の三つ編みに分けて仕立てられる。乙女《ウィルゴ》はその子供服を脱ぐ。そして、フランメウムという炎の色をしたヴェールをかぶり、同じ色をした編み上げ靴を履き、マヨラナでできた冠をつける(カトゥッルス『カルミナ』六一・六以下)。次いで、縫い目のないまっすぐなトゥニカを着る。髪型にも服装にも奇抜な要素は許されない。どのスタイルが良いだの悪いだのいうことは問題にもならなかった。新婦は皆同じ格好である。続いて、新婦の家宅で言葉通りの意味での結婚式が執り行なわれる。新郎新婦は彼らの将来について神々にお伺いをする（キケロ『卜占論』一・二八）。次に二人は結婚への同意を宣言する。契りを結ぶため、新郎は婚約者の左の薬指に鉄の指輪をはめ、プロヌバと呼ばれる新婦の親戚の女が若い二人の手と手を取り合わせる（すなわちデクストラルム・ユンクティィオ、右手の結合である）。その後、供犠の儀式が行なわれ、夫妻の幸運を祈るのである。家族と招待客を祝宴に呼び集める。夜が訪れると、乙女の家宅を発つ準備をする。新婦は嫌がる素振りをしてしばし涙をこぼす。新婦は新たな住まいに持っていくための錘と糸巻きを探しにいくのである。

それから、新婚夫婦は徒歩で、あるいは最富裕層の場合は車に揺られて、新郎の家宅へ向けて進む行列の先頭に立つ。五本の松明がその道筋を照らす。大勢の若者や子供が新郎新婦に付き従う。若者たちにとっては、こうした式次は自分たち自身が結婚するときのための準備になり予行演習となる。子供たちが付き従うのは、新婚夫婦が将来子宝に恵まれることを予兆するものである。この光景をにぎやかに活気づけるのがオーボエ奏者による音楽、フェスケンニアの詩と呼ばれる大なり小なり卑猥な詩、謎め

（2）仮装売買婚、女性を男性の家長権のもとに移すか、その後見人を変更するために行なわれた女性の擬制売買。妻を夫の家が買い取るという擬制的売買を伴う。

（3）本来は用益権の意、他人の財産を利用し、そこから生じる利益を享受する権利。この場合、子供を産めるか試しに夫が妻を「使用する」というもの。

いた女神への祈願の言葉タラッシオである。[4] 通行人たちはこの小さな一団にクルミを投げる。新郎の家の前に着くと、新婦は戸口に羊毛の糸を巻き、その縦材に油を塗る。そして決まり文句を発するのである、「あなたがガイウスであるところ、私はガイアです」、と。その後、新婦が敷居を越えられるように友人たちが彼女を担ぎ上げるのである。

そこで夫は妻に鍵を与え、水と火を見せる。簡単な供犠が捧げられる。おそらくその後に婚約者《スポンサ》は男根の形をした神トゥトゥヌスの上に座らなければならない（アウグスティヌス『神の国』四・一一・二三）。妻の衣服を締めるとともにその処女性を象徴するものである帯を夫はほどく。既婚の婦人たちが新婦を初夜の寝床へ導く。それは今までに使われたことのない新品の寝床で、アトリウムの傍に置かれる。夫は妻と夜の闇の中で交わるのである（プルタルコス『ローマ人に関する問い』六五）。

ではこうした儀礼は何を意味しているのだろう。第一にこれらはある状態から別の状態への移行を表わしている。若い娘の服装の変化はこのことを示している。この変化は男の子が青年用のトガを身に着けるのに類似しており、女性の場合には、結婚することをヌベレ、すなわち「ヴェールをまとう」というくらい重要なものである。だが、こうしたしきたりは妻を待ち受ける出産という務め、伝統に対して払わなければならない敬意、彼女がこれからその中で生きていくことになる新しい秩序をも象徴している。大なり小なり卑猥なものである冗談文句やトゥトゥヌスに触れるという行為には新婦に性交渉への心構えをさせるとともに、妬みの念のこもった視線（インウィディア）を祓うという意味があったにちがいない。新婦の髪を結うのに使う槍状の髪留めはおそらく男による処女の征服を象徴する。きっちりと整えられた髪型は妻が今後新たな住まいで服すことになる厳格な規律を表わしているのかもしれない。フランメウムのオレンジ色は炎の色であり、多産の象徴である。トゥニカは伝統を想起させ、幸福の先触れとなる。実際、このトゥニカは、往古の時代における同様、一枚の布から織り上げられており、縫い目がないことは瑕疵のない人生を告げるものであり吉兆なのである。指輪が薬指にはめられるのは、この指が心臓と直接関わっているとみなされているからである。花の冠は、通り道にクルミを投げるのと同様、夫婦の多産を表わしている。敷居を越えるために花嫁が担ぎ上げられるのは、花嫁がつまずくのを避けるためであるか——それは十分不吉な予兆といえる——、または、これから妻となる女は連れ去られるのだという、ある種のより古い形式の結婚を思い起こさせるためであろう。この慣行はおそらくサビニ女の強奪を想起させるものである。すなわち、暴力を否定するわけではないが、愛をもって幕を閉じる類の強奪である。最後に、「ガイウスであるところ、私はガイアです」という決まり文句には様々な意味があるが、それが第一に意味するのは、結婚した女は家庭に入る、すなわちその夫の氏族《ゲンス》に入るということである。注意すべきなのは、概して結婚はそれ自体では公的・法的効力を持たないという点だ。政務官や神官の手を借りることはない（ファッレウム共食式結婚の場合を除いて）。

（4）婚礼時に花嫁に浴びせる掛け声のこと。

結婚の儀式は、もっぱらそれが義務と権利を発生させるという限りにおいて、重要なのである（ガイウス『法学提要』一・一一〇～一一三）。

ファッレウム共食式結婚や共買式結婚の場合、娘は父親の手権から夫のそれへとただちに移る。使用式結婚の場合、娘が三晩実家に戻った場合を除いて、丸一年が経ってから夫の権利のもとへ移る。その時から、夫は妻をフィリアエ・ロコ、「娘として」みなすようになる。つまり、妻は夫に対してかつて父に対してそうであったのと同じ状態、レス・マンキピ、「所有の対象」となるのである（ガイウス、同、一・三）。同様に、夫は自身の父親に従属するのだから、妻も実際には義父が死亡するまで義父に従属することになる。これ以後、妻はほとんどもっぱら嫁ぎ先の家庭で生きていくことになる。結婚は夫の家から新たな核家族を生み出すのではなく、家の内部に新たな構成要素ができるだけなのだということがわかる。まるで、P・フロベール[5]が提示したように、妻を意味するウクソル（**uxor**）という単語は、付け加えるという観念を示す語根**aug**。ないし**ug**。から来ているかのようである。女とはその夫の家に付け加わる存在だから、と。

4　完璧な一家の母

結婚相手の女が本当にあまりに若すぎるのでなければ、ローマ人は結婚を執り行なうのを待たない。だから彼らは概して思春期前の幼い少女と縁組をする――十三歳より前だと生理もまだ始まっていないだろう（ソラノス『婦人科学』一・二五）。早熟な性交渉が月経を楽にするという利点を持ちうるとしても、多くの場合、今後の性行為の快楽を損なわせるような身体的な苦痛を生む結果になる可能性がおそらく高い。同じように早熟な結婚を行なう他の文明に関する諸研究は、この慣習が女性の幼稚症を引き起こすことを明らかにした。いずれにせよ、だいたいのところ、こうした結婚が妻を夫に対し非常に従順にしてしまうことは確かである。

結婚を取り結ぶにしても、それを聞いた当事者の心情への配慮にかかずらうことなどしなかったというのはありうることである。奇妙なことだが、愛というのはこの時代にあって味気ないものであると同時に神秘的なものであったにちがいない。味気ないというのは、この社会が男中心で野暮ったいものだったからで、神秘的というのは、縁組が神聖な性格を帯びているからである。性行為は、既に述べたように、夜の闇の中で繰り広げられるのだから。女はモーレ・フェラールム、「四足の野獣のような」姿勢をとる。なぜならこの姿勢こそ最も生殖力が強いと考えられていたからだ（ルクレティウス『事物の本性について』四・一二五七）。

義母ないし嫁ぎ先の他の女性からの多かれ少なかれ厳しい手ほどきのもと、家事の学習を夫の屋敷の

（5）参考文献にはないが、おそらく次の文献。P. Flobert, ‘Une hypothèse sur ‘*Uxor*’’, *Revue de philologie, de littérature et d'histoire anciennes*, 1983, LVII, 13-19.

中でも続けながら、新妻は、もちろん幾ばくかの不安なしにとはいかないだろうが、懐妊の徴候を待つ。文学作品は、熱に浮かされたようにこの時を待っている様子を今に伝えている。たとえばキケロは、悪夢を見て閉経することを想像したある婦人が不安いっぱいで夢診断師のところへ急ぎ相談にいく話を伝えている（『卜占論』二・一四五）。妊娠が遅い場合にはしばしばディアナに祈願をし、この祈願にご利益があったなら、その女は、頭を冠で飾り、松明の光に照らされて、この女神に捧げられたアリキアの森の中へ、陰門か男根、ないし乳を授ける母の姿をかたどった奉納物を捧げにいくのである（オウィディウス『祭暦』三・二六七）。

概して出産は頻繁であり、いくつかの個人名がその証拠となっている。すなわち、クイントゥス、「五番目の男子」や、デキムス、「十番目の男子」のように。だが、この点でもやはり、妊娠中のローマ人女性は、母であることが誇りとなるにもかかわらず、ある種の不安の念を抱いていた。妊娠自体が必ずしも容易なものではなかったからだ。まず、将来の母は骨の折れる仕事をこなさなくてよいようになると、体を動かしたり激しい動作をとったりしないよう注意を受ける。また、流産の場合、一般に母親に問題があるとみなされることを知っているので、女は流産を恐れる。臨月までの間も、女はほとんど助けを受けることがない。男の医者自体稀であり、羞恥心や無能力のゆえに、別性の患者を敢えて引き受けようとすることはあまりなかった。産婆も、必ずしもよく思われていたわけではないので、頼ることはなかった。特に夫の側が、産婆はもっぱら堕胎に手を貸すのではないかと恐れていたからだ。産婦の生命はしばしば危険な状態に陥った。出産の女神ユノ・ルキナの加護にもかかわらず、五回に一回はお産で死んだと一般的に考えられている。産褥で死んだ女の例は数多い。カエサルの娘ユリアもキケロの娘トゥッリアもこうした運命を辿った。

妻が子供を産むのは夫の力の及ばぬ領域である。出産の際は、前の部分をくりぬいた椅子に座り、産婆の助けを借りる。感染症の危険があることはもちろんだが、同様に、子宮内の胎位を回転させることもせず帝王切開もなされなかったという点も危険であった。その名前がラテン語起源であるにもかかわらず、帝王切開は例外的だった。帝王切開を行なう場合でも、母親を犠牲にしてしまう。膾炙している説とはちがって、臍の緒を切り、「直立した人間《ホモ・エレクトウス》」の姿勢をとらせるために赤子を抱き上げるのは、夫ではなくて産婆である。父はというと、子孫が生まれることをあれだけ祈っていたにもかかわらず、奇妙にも妊娠中の事の経過についてはあまり気にかけないようである。また夫は、財産の過度な分散を避けるためであれ、赤ん坊が何らかの奇形であるとか何かまったく別の理由であれ、隣人の意見を聞いた上で、新生児を殺すも放置するもまったく自由であった（『十二表法』四・一）。この権利はおそらく女児が犠牲になる場合にはより容易に適用されたであろうが、父親がその権利を行使することはあまりなく、母親が口を出すこともなかったであろう。

おそらく女性の中には、あまりに多くの妊娠を避けるため、膣内の洗浄器、あるいはペッサリーや、アルモワーズ、ロマランのような月経促進作用ないし堕胎作用のある植物を用いる者もいただろうが、この場合もやはり往々にして自分の健康への危険が伴う。しかし堕胎は非常に稀であり、最も猛烈な非難を引き起こすものだった。

母親は母乳で子供を養う（タキトゥス『弁論家に関する対話』二八）。しかしながら、母乳で育てるのは、二人目の子供以後は、新たな妊娠には不都合であるし、夫は概して何度も出産してくれることを望むのだから、乳母の雇用ないし動物の乳の使用はかなり早くから広まっていたにちがいない。とりわけよく利用されたのがヤギの乳だったことは特筆に値する（大プリニウス『博物誌』二八・一二三）。

夫それから義父が妻とその子供たちの生活を管理する。男は女に対する導き手の役割を果たすのである。のちにキケロは『国家について』という論考で次のように語っている。「ギリシアのように、女性を監督するための役人を置くことは望ましくない（例のギュナイコノモスのこと）。だが、男たちに自分の妻を管理することを教えるための監察官《ケンソル》を置く必要はある」（四・六）。伝承によると、夫婦間で、すなわち実際には夫から妻に対して、贈り物をすることは許されていなかった（プルタルコス『ローマ人に関する問い』七）。

妻には貞節を守ることが課せられた。後で触れることになるが、不義を犯した女は殺しても構わなかった（もちろん相手の男も同様だが）。より後の時代になると、女は離縁の上、嫁資も没収された。他に、宗教的な用途のあることが多いという理由で、ブドウ酒も禁じられたが――実際、ボナ・デアの祝祭において女性はブドウ酒を大量に飲む――、おそらく、妊娠に悪影響を及ぼすとか流産を招くと長らく考えられていたことも理由であろうし、とりわけ酒は恋愛絡みの騒動を引き起こすことが理由であったろう。この点に関する厳格さのほどは、樽から酒を飲んだ罰として自分の妻を打ち殺したという臣下の一人を、ロムルスは処罰することを拒んだという故事が伝わっているくらいである（大プリニウス『博物誌』一四・八九）。さらに、娘が酒を飲んでいないか確かめるため両親には娘の唇にキスをする権利まであったといわれている。ルクレティアの逸話が貞節というものに対する要求の強さを物語っている。たとえセクストゥス・タルクイニウスの陵辱の犠牲者であり本人は不本意だったとしても、その父と夫に「許された」のだとしても、ルクレティアは恥辱に耐えて生きながらえることを望まなかったという。彼女は名誉を失ったがゆえに死なねばならなかったのだ。

だがそれだけではない。結婚している場合であっても、子作りという本来の目的のためを除くと、以下のような一連の理由からおそらく禁欲が規範だった。まず、早くに処女を喪失することと、恋愛沙汰自体が危険であることから、往々にして情欲《リビド》は抑圧された。また、当時の礼儀作法も女性の側の快楽の役割を抑制する傾向があった。女性の側が快楽を覚えるのは妊娠に有害だと考えられたのだ。最後に、夫たち自身おそらく自分の妻を情婦のように扱うことはなく、お楽しみのほとんどは別の機会のために取っておいたのである。P・グリマルが言うように、「正妻はウェヌスの権能に通暁してはならない」のである。カトーは人前での抱擁を処罰したという（プルタルコス「大カトー伝」一七）。結婚生活に入るとなおのこと、愛の情熱に用心することになる。前二九五年にはウェヌス・オブセクエンス（従順なウェヌス）の神殿が建てられた。愛を飼い馴らそうという意思の表われである。ラテン文学には夫に夢中になる妻を描いたものはたった一つしかない。しかもこれはプラウトゥスにおけるアルクメネであり、つまり、夫ではなく、姿を変え本物の夫に取って代わったユピテル神と褥を共にしたばかりの細君なのである（『アンフィトリュオ』五二九以下参照）。特にサビニ女は慎みの模範である。マトリモニウムすなわち結婚は、コンクビトゥス、行きずりの関係とは根本的に異なるものなのだ（ティトゥス・リウィウス『ローマ建国史』三・四七）。

結婚が早くても、当然、四十代初めごろに、それより早くはならないとしても、閉経を引き起こす。結婚が早すぎることと、戦争により出生者よりずっと多くの死者が発生することのために、男やもめより寡婦のほうが多かったであろう。妻が夫を亡くした場合、妻は自分の父か、あるいは父方の叔父や兄弟といった父系の最近親者（アグナトゥス）の手権のもとに戻る。再婚はむしろ稀であった。女はウニウィラであること、つまりたった一人の男性しか伴侶としない、というのが義務であった。時代が下ってやはりカトゥッルスが言うことになるように、女にとって「一人の男に一生添い遂げることは比類なき栄誉である」（『カルミナ』一一一・一～二）。だがいずれにせよ、法律的にはしごくもっともな理由から、再婚までには妊娠期間に相当する十ヶ月間の時をおくことが女性には課せられ、その再婚もひっそりと執り行なわれた（プルタルコス『ローマ人に関する問い』一〇五）。一方、寡夫は非難されることもなく時をおくこともなく再婚できた。

5　法律上無能な女性

結婚前であれ結婚後であれ、ローマ人の女はいかなる権利を行使することもできなかった。彼女はその父親か夫かあるいは父系の最近親者に従属していた。彼女はあらゆる制裁を課せられる恐れがあった。前一八六年の時点でも、とあるスキャンダルの後（これについては後述）、女性たちの処罰は――公的権威によって有罪と認められたのだが――その家族自体に任されている（ティトゥス・リウィウス『ローマ建国史』三九・一八）。ローマ人自身が言うように、女性は法律上の能力《スイ・ユーリス》を持つことができなかった。彼女は実質的に固有の権利を何一つ有していない。彼女は後見人の立会いなしには裁判で証言することができない。相続は父方の家系で常になされるため、彼女は財産を遺贈することも相続することもできない（『十二表法』五・四）。彼女は遺言の公開に立ち会うことができない。彼女は養子縁組の決定に関与することができないし、その上、養子にするのも男の子だけである。子供を家族として受け入れるかどうかを決めるのはそもそも父親のみだったからだ。家父長《パテル・ファミリアス》は母親に諮ることなく子供を売ることも自由であった（『十二表法』四・二）。もし妻が犯罪を犯せば、夫はこの女をその犯罪の被害者の手に委ねること（ノクサリスという[6]）ができた。女性は後見役を務めることができない。もし彼女が取り引きを行

（6）**noxalis actio, noxale judicium**。父、主人、所有主に対して被害者が行なう訴訟。損害を賠償するか、不当行為者を引き渡さなければならない。

ないたいのなら、その夫、父、ないし後見人を通して行なわなければならない。彼女の嫁資は夫の財産の内に含められる。

離婚に関していうと、ファッレウム共食式結婚は解消不能である。他の形式の結婚に関しては、むしろ悪い形で慣習が成立していたように思われる。プルタルコスによると（「ロムルス伝」二二）、妻が子供を毒殺した場合、妻がブドウ酒貯蔵庫の鍵を手にした場合（宗教的・道徳的理由から当時女性には禁じられていた飲み物）、ないし妻が姦通をはたらいた場合という風に、ロムルスはもっぱら夫のために離婚を許可したのである。夫は、自分の財産の半分を妻に、もう半分をケレス女神に贈るという条件さえ満たせば、理由もなく離縁することすら可能だった。ハリカルナッソスのディオニュシオスによると、姦通をはたらいたかもしくは飲酒をした妻に限って、追い出すかあるいは殺すことすら許されたという（『ローマ古代誌』二・二五）。大カトーは男性に対して露骨にこう言っている。「もし自分の妻が姦通をはたらいているのを現行犯でおさえたなら、訴訟なしで妻を殺しても罪にならない。もし姦通をはたらいたのが君なら、妻に君を傷つける権利はない」（アウルス・ゲッリウス『アッティカの夜』一〇・二三）。夫はたとえ妻を愛していても、妻が子宝に恵まれないという理由で、離婚請求を決心することがあったということを、我々はアウルス・ゲッリウスを通して知っている（同、四・三）。いずれにせよ、当時の風習の詳細およびその変化の如何にかかわらず、この時代、妻は一方的に離縁されることがあるのに夫はそうではなかったということをこうした逸話は示している。それに離婚となると、何の司法的手続きも伴わずに実行された。夫は離縁する妻からただ鍵を取り上げればよいのである（キケロ『フィリッピカ』二・六九）。また実在は定かでないがロムルスによる法に従うと、離婚が妻の側の過失によって正当化される場合、嫁資はまるまる夫のもとにとどまるのに対し、逆に夫に過失のある場合、妻には嫁資の半分しか戻ってこなかったようである。いずれにせよ、たとえローマにおける最初の離婚が前三世紀末のことではないとしても――アウルス・ゲッリウスのテクストを誤って解釈してしばしばそういわれてきたのだが（『アッティカの夜』四・三）――、この章で扱っている時代、夫婦の離別自体が稀だったことは確実である。

6　宗教的にもほとんど無能力な女性

宗教的な領域においても女性の立場は制限されたものだったと思われる。パンテオンは、ある意味では地上世界の反映でもあるのだが、そこで第一等の役割を与えられているのは男神であって女神ではない。前六世紀に至るまでそこで支配者の座を占める三大神はユピテル、マルス、クイリヌス(7)と、もっぱら雄々しい男神である。家庭内でなされる祭儀は男たち、父たち《パトレス》の手に握られている。公的な祭儀においても、神々の神託を解釈し、祭司に選ばれ、犠牲式を執行するのは概して男たちである。ローマ人の

（7）これもおそらく戦争の神。

女は、神々にお伺いをたてる、小麦を練る、犠牲に捧げられた動物の肉を切り分けるといった、典型的な宗教行為を行なうことができなかった。デア・ディア[8]のような女神であっても、祭務を果たすのは男の神官（アルウァレス）[9]であって、女の神官ではない。シビュッラの託宣を伝えるのも二人委員[10]であった。女性市民だけが集まる祭儀の場合も、そもそもそれ自体が男によって導入されたものであるか、あるいは男の承認を得て執り行なわれるものであるか、あるいは密儀宗教であるかである。たとえばユノ・レギナの崇拝は前四世紀初頭にカミッルスにより導入された。この女神の神殿が雷によって損傷したとき、この神格を宥めるために捧げ物を納めるよう女たちに求めたのは貴族按察官《アエディリス・クルリス》だった（ティトゥス・リウィウス『ローマ建国史』二七・三七）。フォルトゥナ・ムリエブリス（「女たちの運命」の女神）の祝祭は元老院によって監督された。ボナ・デア[11]の崇拝はというとこれは秘儀だったのだが、おそらくその理由は、女性の健康に関わる秘密の治療法を伝授する場だったからだろう（マクロビウス『サトゥルナリア』一・一二・二六）。祭儀を執行する女性は人目に付かないように犠牲を捧げ、また、その長は必ず執政官《コンスル》か法務官《プラエトル》の妻であるため、女たちの集まりも男たちの社会を模倣したものであった。

7　政治的に不在の女性

ローマ人の女には投票権を行使することができなかったし、被選挙権もなかった。理論上、国家の政治生活にまったく参加できなかったのだ。女たちには自らの願いを表明するために結集する権利がなかった。大胆にも政務官に直接話しかけることは許されていなかった。何か提出する要望がある場合は、夫を介してそうせねばならなかった。女性たちは市民のうちに数えられてすらいなかった。監察官は男しか調査の対象にしなかった。こうした女性不在の状態は様々な領域に現われている。社会的・市民的生活のあらゆる面が彼女らを無視している。ティトゥス・リウィウスの『ローマ建国史』に出てくる登場人物のほぼすべては男性である。一家の構成要素の中でも、母と娘は往々にして言及されない。ラクタンティウスによると（『神学綱要梗概』三三）、キケロはプラトン的な理想国家について語る中でこう叫んでいる。「男の務めを女が担う国家のなんと不運なことか」と。ともかく、女の按察官《アエディリス》や法務官について話すことはローマ人の男たちにとってお笑い草だったろうことは確かである。

このようにローマでは基本的な準拠枠は男である。「人間の（humaine）」本性についてのどんな考察も「男（homme）」との関連においてなされる。男は一般性を表わすものであり、女は性や出産を表わすものなのである。資料において女は常に父や夫、息子との関連において定義される。女は彼らを介し

（8）成長を司る女神。
（9）豊作を祈願して供え物を捧げる一二人の神官団。
（10）duum*vir*. duum 二人の、vir 男。
（11）貞潔と多産の女神。

て存在しているにすぎない。女とは、何某の娘フィリアであるか、何某の妻ウクソルであるか、または何某の母マーテルである。結婚の際、女が述べる決まり文句が示しているものもこれと同様である。「ガイウスであるところ、私はガイアです」、と。妻《ウクソル》とは、夫を反映した像、しかもきわめて薄ぼんやりとした像にすぎない。ローマ人の女にとって男とは、それが父であれ兄弟であれ夫であれ、いつも自らの主人なのである。

しかしながら、男の置かれた状況が、若いときであれ長じた後であれ、女性よりずっと好ましいものだったと考えてはならない。確かに男の思春期は少女のそれより明らかに自由であった。若い男が金で情婦と交わることも許されていた（ティトゥス・リウィウス『ローマ建国史』三九・九）。ただし限度はあった。カトーは、既婚の婦人を誘惑する代わりに遊女のもとへ赴く若者を褒めているが、その男が翌日もまた遊女を訪ねるのを見ると今度は叱責するのである。血筋の安泰を計るため、若者は恋の熱情に、肉欲の虜となることに抵抗せねばならない、と。それに、監察官は前五世紀の間に独身者に税金を負担させ、前二七九年には全男性市民に妻を娶ることを義務づける法が可決されたといわれているくらいだから、少女とまったく同様に、男もどのみち結婚をしなければならなかったのだ。

結婚するにしても相手の選択に関して青年に少女よりも自由があったというわけではない。少年がローマ人の娘の美しさだけに魅了されることは（ティトゥス・リウィウス、同、四・九）、少女が少年の外見《フォルマ》に心奪われることと同じくらい悪く思われていたのは明らかである。ティトゥス・リウィウスが言うように、ウェルギニアを強奪しようとした十人委員のアッピウス・クラウディウスに関しては、愛欲が男の理性を曇らせたとされた（同、三・四七）。セクストゥス・タルクイニウスとルクレティアのように、多くの逸話が、男性の別性に対する恋情、ムリエロシタス（キケロ『トゥスクルム談論』四・二五）は、ほとんど病気と同じであり、女が恋情を抱く場合と同様に非難されたことを示している。あたかも惚れた腫れたは結婚において意義を有していないかのように、あたかも社会的な関係や政治的な争点という観点からは、誰と結婚するかはいってみれば強制的に決まるもので、縁組において運命は前もって予定されたものであるかのように、すべては行なわれた。良い家に生まれた男の子の場合釣り合う結婚相手がかなり限られているし、平凡な家の生まれであればそれだけ選択の自由は広まるが、結局は身分相応に限定された階級の中でしか結婚できない。

いったん結婚した青年でも、たとえ妻との間であれ、あまりに強い情欲に耽るのはふさわしくないとされた。愛に控えめであることを表わす言葉は数多い。廉恥心《プドル》、貞潔《プディキティア》、節度《モドゥス》、自制《テンペランティア》などであり、この種の美徳に対する称賛の言葉も数え切れない。ローマ人の男たるもの戦争における武勲を誇りこそすれ、女絡みの武勇伝を自慢しようなどと考えてはならなかった。ローマ支配の真の創建者たるアエネアスは、自分の務めを果たせるよう、官能的なディドを見捨てたというのは、象徴的な話ではないか。執政官選挙に立候補するところだったマニリウスは、人前で妻に抱擁したという理由でカトーにより元老院から除名された（プルタルコス「大カトー伝」一七）。後にポンペイウスは妻のユリアをあまりに溺愛しているると悪評を立てられることになる。セネカ曰く、「他人の妻への愛はすべて非難されるべきものであるが、自分の妻への愛も度を超せばやはり嘆かわしい」。

確かに既婚男性は若い女奴隷や娼婦（パエレクスやメレトリクスという）を相手に自分の欲望を満足させることがあった。示唆的なことに、このような女性たちはおそらくローマ誕生の時点で必要不可欠な存在ですらあった。ロムルスとレムスの双子に乳をやったといわれている雌オオカミは、実際にはアッカ・ラレンティアという、とある娼婦であったともいわれているのだから。アウルス・ゲッリウスによると（『アッティカの夜』四・三）、ヌマの時代には娼婦がいたという。ただし、そこで問題になっているのは、あくまで本能を満足させることであって、情欲に耽ることではないのは、言うまでもない。

他方、夫の市民としての役割が妻のそれよりも比較にならないほど重要であったことも確かである。成人男性には政治的・法的な能力があった。だが、たとえ当時の寿命の短さが理由で、男子の半分は二十歳に達する前に父親を亡くしてしまうと考えるにしても、多くの夫は結婚した後も父、さらには祖父の権能《ポテスタス》のもとに長らくとどまることがしばしばであった。男たちは、個人の財産であるペクリウムを除いて、自分の妻以上に固有の財産を持っているというわけではない。男たちは親権から解放されたのでない限り、自分の父親が死ぬまでは、単なる父《パテル》であって、本当の意味で家父長《パテルファミリアス》にはなれないのである。男に本当の権能《ポテスタス》を与えるのは父親の死去であって結婚ではない。その上、妻の生命は出産の危険によって脅かされるとしても、夫のほうも毎年戦争による生命の危機や政治上の危険に曝されるのである。さらに夫は、少なくとも上流階級の場合は、常により高い地位を目指してのし上がること、グロリア、すなわち名声をひっきりなしに追い求めることで、体面を傷つけないようにすることを、強いられていた。名声こそローマ社会の主要な動力源の一つであったのだから。

このように、当時の状況は女にとってまったくの不利というわけではなかった。その上、ローマ人の女は、たとえ未成人扱いだとしても、同時に、まさに際立ったものといえるほどの敬意に浴してもいたのだ。

Ⅱ　世に認められた威厳

1　庇護される娘

処女《ウィルゴ》は確かに従属的な立場に置かれていたが、同時に保護されてもいた。その身体自体が神聖であったとすらいってもよい。市民の娘の強姦は忌むべき犯罪であった。十人委員のアッピウス・クラウディウスがウェルギニアを誘惑しようとしたことは、本物の革命を引き起こした。若い娘に乱暴をはたらくことは横暴の極致であった。処女は、たとえ本人に何かの罪があっても、死罪にはできないほどに敬意を払われており、後にタキトゥスはセイヤヌスの娘について、執行吏が死刑を行なえるようにまず犯した、というぞっとする話を伝えている（『年代記』五・九）。その上、未婚の娘に言い寄る虫がいないほど

――やはり現実にはそうはいかなかったけれど――その娘は求められかつ箔がついたので、母親たちは求婚者の手管を見張り、釣り合いの取れた縁組を、あるいは時に、自分の娘がグラックスの家に嫁ぐならと強く願っていたアンティスティアがやりおおせたような（プルタルコス「ティベリウス・グラックス伝」四）、輝かしい縁組の機会を見計らっていた。良い結婚相手の奪い合いは熱を帯びたものとなった（キケロ『友情について』三四）。未婚の娘は処女であることを誇りにしているが、それは処女であることは誰もが称賛することであり、出産の保証であるとみなされていたからであるということを言い加えておこう。

2　マトローナ（奥方）

一家の母が重んじられていたことには疑う余地がない。この点は言葉それ自体の中に現われている。父が家父長《パテル・ファミリアス》――すなわち氏族の構成要素たる家の長であり、父としての地位のみならずそれに伴う一連の権限すべてでも意味する威信ある肩書き――であるなら、母はその対になるマーテル・ファミリアス、一家の母なのである。たとえ夫がまだその父親に従属する状態であっても、妻のほうはれっきとしたマトローナ、奥方なのである。この二つの単語は確かに古い時代では、単に男との関連において女を指すムリエルやフェミナよりも、あるいはさらに夫と対置される妻《ウクソル》という単語よりも、頻繁に用いられる。さらに、結婚は母との関連において規定される。人は結婚のことをマトリモニウム(12)と呼ぶのだから。

夫が自分の妻に対し払う敬意は相当なものである。夫が妻に及ぼす生殺与奪の権は名目上のものにすぎない。妻に罰が下されたことを史料が伝えることはきわめて稀である。夫が旅行から戻るときには、おそらく敬意からか、あるいは自分の妻を驚かせないために、自分の到着の時を伝える従者を先に行かせるのだ（プルタルコス『ローマ人に関する問い』九）。

出産に対して女が抱く感情は、子への愛情というよりはむしろ自分に対する誇りの念であることのほうがずっと多かった。幼児の生命は脆いものだったからだ。多くの子は満一歳を迎えるより前に死んでしまう。子供の成育は、生まれた時点では、現実というより望みや可能性であり、奇妙なことに子供たちが関心や愛を授けられるのは成長するようになってようやくのことである。同様に、母も新生児に深い愛情を抱くというより、自分の出産能力を証明したことのほうを誇るのである。だがいずれにせよ、セネカの母ヘルウィアにならうと、母は自分の妊娠した腹を不恰好な重荷とみなしはしなかったのだ（セネカ『ヘルウィアへの慰め』一六・三）。

奥方の権威というものは、夫に対してと同様、自分の子供に対しても、たとえそれが成長した子供でも、大きなものだった。多くの事実がこのことを示している。まずコリオラヌスの逸話によると、その母は、息子が将軍であるにもかかわらず、敵の陣営を去るよう強いたという。監察官のカトーは息子

（12）母マーテルと関連する言葉である。

に対して権威を行使するよう妻に求めた、「たとえ息子がローマ人として全ギリシア人より力に勝るとしても……」と（プルタルコス「監察官のカトー伝」二五）。母殺しは実際には知られていないらしいことや——初の事例は前一〇一年である——、父殺しと同じくらい厳格に処罰されたらしいことは示唆的である（ティトゥス・リウィウス『概要』六八）[13]。

要するに、奥方は自分の所帯を支配していた。家を取り仕切っていたのである。家の鍵も酒蔵のそれを除いてすべて持っていたのだ。気遣いや植物の世話、機織り、料理といった特定の領域においては、妻の知恵と経験に分があるのは周知のことだった。奥方が奴隷の仕事をこなすには及ばなかった。碾き臼を回したり料理をしたりしてはならなかった（プルタルコス『ローマ人に関する問い』八五）。男たちはサビニ女の強奪の後、こうした労働を免除することを妻に約束した。それゆえ、ある意味では女性の境遇がローマ人の帝国主義を発展させるのに貢献したともいえる。夫たちはその征服活動によって妻が望んだ召使たちを獲得したのだから。夫が一家《ドムス》の男主人《ドミヌス》であるのと同様に、奥方《マトローナ》が一家の女主人《ドミナ》という別の名を得るのはこの権能によるのである。

都自体も母たちを守護していた。ルクレティアの逸話、すなわち（これは偶然ではないのだが）共和政創設に関わる逸話が証明しているように、母には皆一様に敬意を払っていたのである。アッピウス・クラウディウスのウェルギニアに対する下心が十人委員の失墜を招くことになるのとちょうど同じように、ルクレティアの強姦は王政を倒壊させたのである。女に触れてよいのはその両親だけであった。女とすれ違うときには、女に道を譲るものだった（ヴァレリウス・マクシムス『故事著聞集』五・二・一）。そして男たちも、戦いに赴くときには、これは自分の妻を守るためであると間々言ったものである（ティトゥス・リウィウス『ローマ建国史』三・四七）。

こうした女性特有の自由と権威は多くの逸話によって明らかにされる。ヴァレリウス・マクシムスはこう語っている。「もし夫婦の間で口論が起こったなら、二人は女神ウィリプラカの神殿に赴いたものである、そしてお互いの言い分を話し終えたころには、喧嘩はやみ、仲直りして戻るのだ」（『故事著聞集』二・一・六）。このことは、たとえ女神の名前[14]が宥められる必要のあるのは夫のほうであることを含意しているように思われるとしても、実際には夫がそんなに容易に自分の意思を押し通せたわけではないことを示しているのである。プラウトゥスは『カシナ』において、自分の妻からぶたれるのが怖くて自分の家に帰るのが恐ろしいという、哀れな夫を描いている。喜劇の筋書きといえばそれまでだが、しかし、プラウトゥスがこうした光景を思い描くことができたということは、一部の夫婦の間においてとはいえ、夫が従順なこともあったのだ。プルタルコスによると監察官のカトーはこう叫んだという。「すべて人間は女を支配し、我々は万人を支配するが、その我々を支配するのは女たちだ」。アウルス・

（13）それらしき記述なし。典拠の誤りか。
（14）Viriplaca、viri 夫を placa 宥める、の意。

ゲッリウスは次のような話を伝えている。ある監察官がある市民に妻に関して、「答えよ、汝には心にかなった妻がいるか」という習慣的な質問をしたところ、相手は幾分おどけた風に、「ああ妻はいるよ、ただし心にかなってはいないけれど」と答えたという（『アッティカの夜』四・二〇）。

女の名声が父や夫、子供の人望に比例したものであるのは明らかである。同じカトーは、自分が結婚する段になって、高貴な女性は傲慢であると判断している。だから、クラウディウス一門の女たちのような一部のローマ人女性が、ローマ市で最も権勢ある男たちとまったく同程度に一般のローマ人から恐れられていたことは確かだといえる。

3　結婚上および金銭上の保障

女性はその他にもいくつかの保障を享受していた。使用式結婚《ペル・ウースム》の発達もまた、インドでも同一の習慣が見出されることや『十二表法』にも存在が示唆されていることからして（ガイウス『法学提要』一・一一二）、そもそもの起源自体はおそらく古いものなのだが、女にとっては一種の自由であった。既に見たように、この形の縁組は、結婚相手の女が一年の間に三晩以上外泊しなかった場合のみ、夫の手権下への移行が行なわれた。そのため、女が父親の手権の下にとどまるためには、短期間両親の実家へ戻るだけでよいことになる。女にとってはこの方がファッレウム共食式結婚や共買式結婚よりも好条件なのである。結婚は、父親が夫に許す、一種の妻の貸与となった。このような解決法は、パトリキの女とプレブスの男が結婚する場合に、パトリキの家門に財産を残せるように利用することもできた。だがこうした慣習はプレブスたち自身の間で広く発展したものだった。より柔軟な結婚方法を活発にしたのはおそらくプレブスという余所者人口の到来である。こうした使用式結婚の場合、両親の家に戻るかそれとも配偶者の家庭にとどまるかを決断するのは、理論上、妻ということになる。夫と父のどちらに従属するかの選択でしかないと言う向きもあろうが、たとえ女には権利がないように思われるとしても、それでも選択ではある。

同様に、女を所有の対象という役割に貶めるように思われる共買式結婚においても、少女は自ら同意を表明するのである（ボエティウス『キケロ『トピカ』注解』二・三・一四）。

理由なく離婚する場合に夫が半分弁済しなければならなかったと思われる（本書二八～九頁参照）嫁資の存在も、十分な持参金を持つ妻を追い出すことを夫に躊躇させたであろう。最後に奥方は、後に法律家が宝石や家具などと言い換えて呼称するような一部の個人財産に関しては、完全な自己裁量を保っていたのである。

4　ある種の宗教的役割

宗教は男の監督下にあったと先に述べたが、そうはいっても男神と同じだけ女の神格もいたことは確かである。前六世紀以後、もっぱら男神中心だった三主神は、ユピテル、ユノ、ミネルウァという女神が多数派になる三主神に取って代わられた。その上、女は各人が女神によって庇護を受けていた。それぞれの男に自分用の神格、ゲニウスがいるように、女にもそれぞれに自分のユノがいた。

また現に、女はある種の儀式、流血を伴わないような類の、ある種の犠牲式に携わっていた。女は神々に草や香、牛の乳、黄金の食器などを捧げたのだ。古代人はこうした祭礼に一見非常に明快な由来を間々あてがってきたのだが、それらが正確には何を意味するのかを特定することは難しい。この点は後でもう一度触れよう。

本質的に女性が主役であるような祝祭は実際に一年を通して何度も行なわれていた。一月半ばのカルメンタリアの際には、神託と出産の女神であるニンフのカルメンタに祭礼が捧げられた。三月初めにはマトロナリア祭が出生の女神であるユノ・ルキナに捧げられた。女性用の祝祭が最も多く挙行されるのは、語源的にユノの月である六月であった。たとえば一日にはユノ・モネタの祝祭を行なう。十一日のマトラリアの時にはマーテル・マトゥータを称えた。この時、女祭司たちは女奴隷を一人神殿の中へ導き入れ、それから追い出す。それから彼女たちは「己が姉妹の子供たち」のために祈るのである（オウィディウス『祭暦』六・五五三）。七月七日はノナエ・カプロティナエにあたる。この日に、女中たちは女主人の服装をまとい、野生のイチジクの木の下で乱闘の真似事に興じるのである。マクロビウスはこの祝祭の由来であったと思しき出来事について想起させている。敵が妻と娘を引き渡せと要求したとき、ローマ人はある女奴隷の提案で、受け入れたふりをして敵の陣中に妻の服装をした女中たちを送り込んだ。彼女らは敵兵たちを酔っ払わせてからローマ兵を呼び寄せたので、容易に敵を打ち負かすことができたという（『サトゥルナリア』一・一一・三五）。九月初めにはユノ・レギナの祝祭がある。前四世紀の初めにカミッルスによってエトルリアの町ウェイイから招き寄せられた女神である。婦人たちはこの神格に高価な木材でできた像と黄金の洗盤を捧げる。

どの時期に由来するのかがあまりはっきりしないものに女神フォルトゥナの祭礼（この女神の像にはいかなる女も触れてはならなかった）、およびフォルトゥナ・ムリエブリス、すなわち女たちの運命の女神への祭礼がある。この後者のフォルトゥナの祭りのためにローマ人は教訓的な縁起譚を語っている。前四八五年、プレブスが自分に向ける態度に憤慨したコリオラヌスは、当時ローマと敵対していたウォルスキ族のもとに身を寄せた。この変節者の軍事的手腕のおかげで、このままではローマの敵が優勢に立つというので、使節や祭司はローマに戻るよう嘆願にやってきたが、コリオラヌスは耳を貸さなかった。そこでローマの女たちはコリオラヌスの母と妻に仲介を求めるということで意見が一致した。彼女らは説得に成功し、コリオラヌスは戦争を継続するよりも亡命者として立ち去るほうを選んだ。この運命の女神（フォルトゥナ・ムリエブリス）のために神殿を建てたのは、この上首尾な使節行を記念するためであったという。純潔の女神プディキティアの祝祭やウェヌス・クロアキナ[15]の祭礼等のことも

（15）お清めのウェヌス。

挙げておこう。おそらく五月と十二月の頭に挙行されたボナ・デアの祭礼に関していうと、これは大なり小なり乱痴気騒ぎ的な祭りであり、男たちはこの祭りから締め出され、参加した女たちは、これは牛の乳であると称して、ブドウ酒を飲むことすら許されたという。

それゆえ、女性用の祭礼の数がいかに多いかはよく認められているわけである。フォルトゥナ、マーテル・マトゥータ、カルメンタ等々の神殿が、ローマ市内でカピトリウムの次に神聖な場所である牛のフォルム《フォルム・ボアリウム》に見られるのだから、その重要性は明白である。

婦人たちはケレスの祝祭やルペルカリア祭のような、より男性的な祝祭にも参加した。たとえばルペルカリア祭の際には、神官たちが雄ヤギの革紐で女たちを叩いた。

他方、一部のローマ人女性はほとんど女祭司のような存在であった。フラーメン神官の妻であるフラミニカの巫女たちは婚姻の完遂を象徴し、非常に重要な役割を果たしていた。フラーメン神官は自分の妻が死ねば神官の位を放棄せねばならなかったのが、その証拠である。

だが、とりわけ正真正銘の神官職に就くローマ人女性もおり、彼女らには男の神官以上の威信があった。ウェスタの巫女である。パトリキ身分の女性限定で、六歳の時に選ばれると、彼女らは三十年の間務めを果たし、その間、既婚者の格好をし、にもかかわらず純潔であることを義務づけられていた。もし純潔に背いた場合、わずかなパンと水とともに死が訪れるまで地下に閉じ込められるが、おそらくその神聖な身体を打擲することを政務官が恐れたという事実に由来する一種の懲罰である（プルタルコス

『ローマ人に関する問い』九五）。動物犠牲式で生贄の頭に振り掛けるモラ・サルサという粉[16]（「生贄《インモラシオン》」という言葉の起源）を作るのは彼女らであるため、祭礼には必要不可欠な存在であった。また彼女らは一時も消してはならぬ火を守る。この火はおそらく最初期のローマ市に存在していたはずの共同の炉火に由来するもので、おそらく国家の存続の象徴であるが、自分の家の炉の守護者としての女の役割をも示すものである。ウェスタの巫女たちは、人の目からは秘されていなければならない謎めいた聖物である、ローマ国民のペナテス[17]を祭っていた。その影響力の明白な印に、最高神祇官の権威のもとに服しているにもかかわらず、ウェスタの巫女は遺言を残し法廷で訴えを起こすことのできる唯一の女性であった。

　さらに、ギリシア人の場合と同様、しばしば老女を過度な盲信で非難し、不気味な力の保持者、さらには魔術師（サガエ）として恐れるほど、女性一般には予言の領域における特別な役割が認められていた。ローマで最初に予言を行なったのはカルメンタという女に関わりの深い女神なのである。年老いた予言者であるシビュッラは、その予言の後も、長い間ローマ市でなお重要な役割を担っていた。最も深刻な状況に際してはその予言書が参照されたのである。ローマの男は若い娘や妻の発言、あるいは彼女

（16）生贄に振りかける塩を混ぜた粗挽き麦。
（17）ローマの家庭・国家の守護神。

らの夢にも、重大な意義を認めていた。パウッルス・アエミリウスは、ペルセウス王[18]との戦いの直前に、孫娘のテルティアが飼っていたペルサという名の犬がちょうど死んだので嘆いているという話を耳にして、これは戦争に勝利する吉兆であるととったという（キケロ『卜占論』一・一〇三）。女たちは、（大なり小なり実際に見たものである）夢のお告げによって自分の夫の行ないを変えさせるというまさにこの方法で、政治的な役割を演じることができた。女は偶然や運命の領域に属するものすべてに結びつけられていたようである。それらを指す言葉もラテン語では、運命《フォルトゥナ》、偶然《フォルス》、めぐりあわせ《ソルス》等、ほぼすべて女性名詞である。すべてが台無しになったような状況では女たちに助けを求めるような心情が一般にあった。だから、ひどい旱魃の折には、神々に雨乞いをするため女たちが行列を組んで繰り出すのである（ペトロニウス『サテュリコン』四四）。

5　ローマ市の中の女たち

既にローマ史初期の時点で、政治と戦争からは除け者にされていたとはいえ、女たちは実際には都市の公的領域に口を出していたということが認められている。サビニ族の女たちは、誘拐されてからほどなくして、自分の夫と親との戦いを制止した。彼女らのうち幾人かはクリア、すなわちローマ市民団を構成する三十の単位に、その名を冠されることになった。ニンフにしてヌマの妻であったエゲリアはこの王の見識ある助言者であった。前五〇八年、少女クロエリアは並外れた功績によってその名を知られたという。彼女はエトルリア王〔ポルセンナ〕の人質にされながらも、仲間の少女を連れて敵陣を脱走し、馬でテヴェレ川を渡って無事ローマに帰還し、ローマ人同胞のみでなく、エトルリアの王にも感嘆の念を呼び起こした。前四四九年には十人委員のアッピウスに誘拐されたウェルギニアに味方して婦人たちが力添えした。コリオラヌスに手を引かせる際に女たちが果たした役割については既に見た。前三九〇年、ガリア人のブレンヌスが要求した黄金一千リブラの身代金を払うために、ローマの女たちは自分の持つ宝石類を差し出した。また、国家の支出を補うために、女たちが自分の装身具を差し出したりその総額分を貸し付けたりすることはしばしば見られた。

より後代の、若きパピリウスの刺激的な逸話もまた興味をそそる。当時、元老院議員の息子たちは議事堂での議論を聴くことができたので、パピリウスの母はある日、息子が元老院から帰ってくると、どのような議題について議論がなされたのかと息子に尋ねた。だが、この議題は重要であったので、元老院は出席者に最大限の守秘義務を求めていた。その時この少年は母に返答するのを拒んだのだが、それはただ母の好奇心を強めただけだった。母の質問攻めにけりをつけられると考え、息子は巧い嘘を思いついて、一人の夫が二人の妻を持つかまたは一人の妻が二人の夫を持つかすることは許されるだろうかという件について議論していたのだと言った。動転した母は即座に他の婦人たちを呼び集め、一人の夫

(18) マケドニア王、前一六八年ピュドナの戦いでローマ軍に敗れる。

が二人の妻を持つより一人の妻が二人の夫を持つべきと元老院に要求しにいったという。この逸話は何より、元老院議員の妻は政策に関心を持っていること、そして女も元老院を相手に意思表明することを躊躇わないということを、示しているのである（アウルス・ゲッリウス『アッティカの夜』一・二三）。注目すべきは、婦人たちが、身分（オルディネス）と階級（ゲネラ）に応じて厳密に区分されているこの社会の他の人々と同様、しばしば一団となって行動することである。こうした行動はパトリキの女に限られたものと思われるかもしれないが、そうではない。プレブスのウェルギニアは結集した婦人たちから支持されたのだから（ティトゥス・リウィウス『ローマ建国史』三・四七）。戦争で使う機械装置用のロープを製造するために女たちが自分の髪の毛を差し出したという話があるくらいだから、戦争という男の領分にまで女が関わることもできたと思われることは、たとえ真実ではなくとも、象徴的である。ウェヌスに捧げる神殿の建立もこの故事に由来している。この貢献を称えるため、このウェヌスは髪の毛がないのだ。女たちは、宗教的な領域におけると同様、とりわけ絶望的な状況下での使節に指名されることもあったようである。とにかくコリオラヌスの逸話もそのような話の筋である。

たとえばノナエ・カプロティナエやフォルトゥナ・ムリエブリスの逸話におけるように、ローマの女が軍事的・市民的役割を果たす際には間々宗教的な結果が伴ったことには注意しておく必要がある。彼女らの貢献は概して神話的な色合いを帯びているように見える。ローマの男たちはおそらくこう思わせたかったのである。自分の妻はアマゾン族と同じくらい勇敢でギリシア人のアスパシアと同じくらい駆け引きに巧みであることもできるのだが、それでも、同じくらい高貴な仕事、すなわち自分の家族への奉仕を本分にするのだ、と。

6　奴隷女と遊女

これまでの所見はすべて市民の妻にのみあてはまるものであり、彼女らが王政期や共和政初期の人口のごく少数部分を占めるにすぎない、ということは言うまでもない。奴隷の女の境遇はまったく別のものである。彼女らは自分の主人の所有物である以上、伝統的な形式の結婚に与ることはできないのだから。奴隷の女は同じ奴隷の身である男と内縁関係、コントゥベルニウムを結んで生活し、その子供、ウェルナエは（すなわち主人《ドミヌス》の屋敷において生まれた奴隷）、主人の所有物である。既に見たように、彼女らは自分の所有主から、特に（わりかし稀な存在ではあったが）まだ結婚していない主人から、暴行を受けることが間々あった。だが奴隷の境遇をあまりに暗黒に描いてはならない。ローマの王セルウィウス・トゥッリウスはある奴隷女の子供だったといわれていることを忘れないようにしよう。古い時代においては奴隷身分の女たちはそれほど数が多くなかったし、その家の住人たちと十分打ち解けた雰囲気の中で暮らしていた。何人かは主人の娘ですらあった。奴隷の女も、必要なときには、自分の女主人の代役を務め深刻な危機に瀕した都ローマを救うにふさわしい存在であると判断されることがありえたということを、ノナエ・カプロティナエの逸話は示している。

既に見たような理由から、遊女の存在は珍しいものではなかった。それでも、この時期に関しては、その数を誇張してはならない。確かに娼婦たちは喜劇作品には頻々と登場するが、こうした作品は私たちが今考察している時代について、それよりも後の時代から眺めているのであり、その筋書きもこうした女性たちに強力な存在感を発してもらうことを必要とするような代物なのである。その素性は概して奴隷であるとはいえ、彼女たちもある種の社会的な役割を果たすその限りにおいて、他の文明世界におけるほどには、軽蔑されていなかった。この公式に設けられた〔娼婦の〕共同体内での彼女らの有用性は、もちろん非常に大きなものだった。だが彼女たちは公式の宗教儀式からは排除されており、たとえばヌマの時代以降、ユノの祭壇に触れる権利を持たなかった。彼女らは保護者（女衒《レノネス》）の支配下にあり、按察官により登録を受けた（タキトゥス『年代記』二・八五）。もちろん彼女たちは、腰を激しく動かす、膣外に射精させる、その後冷水で洗滌する、という手段によって、性交による不都合な結果を避けるのに長けていた（ルクレティウス『事物の本性について』四・一二六七以下）。彼女らは技芸を自分の仕事に結びつけることが多かった。遊女は踊り子や楽器の演奏者等でもあった。彼女らは大抵、エスクイリアエ丘の麓、スブラ地区で営業をした。

Ⅲ　婦人の地位が曖昧な原因

1　なぜ女は従属的な立場にあるのか

女が従属的な地位に置かれたのは主として生理学的・社会学的な理由からだった。というのもローマの男たちは、生まれつき両性は同等でなく、男性が優位にあるのだと考えていた。彼らにとって男と女の相違は著しいものであった。既にアリストテレスが考えていたように、人類《ゲヌス・フマーヌム》には二つの種《スペキエス》がある。両性の差は解消不能である。それゆえ、各個人は大なり小なり男らしさと女らしさの双方を備えているというような発想は考えられないものであった。ある男が女らしいとかある女が男らしいとか主張することは常軌を逸した発言であり、ある男を女であると言ったりある女を男であると言ったりすることは悪口の最たるものであった。同様に、性の倒錯を意味する少年愛も、この時期においては厳罰の対象であった。両性具有、ふたなり、男装・女装は伝説の中だけのものであり、その伝説も間々往々にして都からの排除が試みられるような個々人や行為を収集したものである。種別のはっきりしない存在が姿を現わす場合、ローマ人はそれを奇怪な現象、神々の怒りの明白な印、あるいは人類世界の混乱とみなした。そして、神官たち、腸卜官たちは、それらを地上から追放させた。性別の曖昧な子供は、陸地とのあらゆる接触から遠く離れた沖合で溺死させせねばならなかった（ティトゥス・リウィウス『ローマ建国史』二七・三七、三一・一二）。

それゆえ、両性は別物である上に男性のほうが優位に立つと一般に信じられていたわけであり、この点は生殖ないし気性の場合と同じくらい、体力の場合でも変わらない。

というのも、未開状態で生存し、進歩した技術を知らず、その草創期においてはとりわけ軍事と農業を中心とする状態にとどまっていたこの社会においては、体力の持つ意義には相当なものがあった。ローマでは、戦争への適性がもたらす威信、野良仕事における男の有能さが、こういった領域で男と張り合うことはできない女の地位を、劣ったものとして貶めた。さらに、男も罹るような病に加えて、女特有の病にも罹るために、女は身体的に虚弱であると当時はみなされていた。

この時代、生殖の領域においては、子孫の型を作り出すのは男であるとローマ人が思考していたのは、大なり小なり明らかである。女は、まるで畑のように、自分自身では何も生まずに、男の種を守ることに甘んじていた。そのため、将来の新生児は父親の一部として理解された。生まれた子は母親に属するより先にまず父親に属するのである。子供、とりわけ男の子は、父親に似ているはずだと思われていたが、それは、そのことが母親の貞節の証しであるからというだけでなく、妊娠の際に父親のほうが優越することの印だからでもあった。「この父にしてこの子あり（クアーリス・パテル、ターリス・フィリウス）」という例の諺がその優越性を表わしている。もし子供があまり似ていない場合は、似ていることを際立たせるためあらゆる試みがなされる。父と子を表わした像は、そうすることで二人の顔立ちが似ていることを強調するためのものだった。この規則を遵守しないような彫刻家には要注意だ。そのため女はこの場合、貴重な血を次世代に受け継がせる責任を負った、一種の代理母とみなされているのである。もし堕胎が犯罪であるとすれば、それは第一に、堕胎が夫の肉体そのものの一部を損なわせるにいたるものだからである（キケロ『クルエンティウス弁護』三二）。問題なのは、子供の生きる権利ではなく、父親の肉体に対する尊重であり、母親の健康の保護が問題になることはなおさら稀であった。

加えて、初性交時において、男が女に与える刻印は、男とはちがって、女にとって消せないものであると考えられていたことも言い添えておこう。

道徳の領域においては、女というものに対するステレオタイプが存在した。ありとあらゆる欠点は女に特有のものとみなされていた。「怒りっぽさ（イラクンディア）」、「軽率さ（レウィタス）」、「女に特有の

前9年アウグストゥスによって捧げられた平和の祭壇に姿を見せるこの人物像は、ユリアを表わしているが、実質、共和政時代における理想の婦人像を示してもいる。

己を制する能力のなさ（インポテンティア・ムリエブリス）」、こういったものが語られていた。女性に対してなされる性格描写はあまり喜ばしいものではない。移り気、衝動的、臆病、おしゃべり、怒りっぽい、悪賢い、といったところである。こうしたふるまいはやはり生理学的な原因に帰されている。もし女が移り気で、一貫した態度《コンスタンティア》を欠き、衝動的であるとすれば、それは、月経と妊娠の繰り返しによって科された周期性を持つ生に服するためであると考えられた。ところが移ろいやすさはおそらくローマの男にとって最も深刻な欠点であった。精巧さ、繊細さ、あるいは順応性よりも、男たちは、粘り強さ、つまり経験に基づいて先を見通す能力のほうを重んじたのだ。

男たちは女性の官能性、恋情の奔流にも恐れを抱いていた。大カトーならこう言ったであろう。「男は一つの情欲によって一つの犯罪に駆り立てられるが、女は一つの情欲からあらゆる犯罪に駆り立てられる」、と（『ヘレンニウスに捧げる修辞学論』四・二三）。女たちの自分で自分を抑制する能力のなさは絶えず糾弾されていたが、これは、女の性格、というよりおそらく、もっと正確にいえば、恋愛上の快楽の念に狙いを定めた非難であった。

女を、勇気を欠き、おしゃべりで、怒りっぽく、悪賢いとする性格描写も数え切れないほどある。女が英雄的なときには、ローマの男は、その魂が男の肉体に宿っていればよかったのにと、本気で思ったのだ。ウァレリウス・マクシムスはルクレティアについて触れる際こう言っている、「その雄々しき魂は、運命の不実な過ちによって、女の肉体に宿ったのだ」（『故事著聞集』六・一・一）と。女性に特有とされたおしゃべり癖に関しては、カトーがこう語っている。自分は人生で後悔を覚えたことが三つだけある。ある日、陸路でも行けるところを海路で旅したこと。遺言をせずに一日を過ごしたこと。そして、秘密を妻に打ち明けたことである。

そもそもローマには女嫌いの確固たる伝統が存在した。プラウトゥスは、自分の友達についてしゃべるある登場人物(19)(これが女性なのだが)にこのような台詞を語らせている。「女が悪事を企てるときは、上手くやらないと、その女にとって人生は病と憂鬱と貧しさの源でしかないわ。逆に善い行ないをしようと試みても、すぐさま嫌気がさすのよ。それにしても、自分の始めた悪事をすることに飽きる女のなんて少ないこと。でも、善いことをし始めたら、それが長続きする女も少ないのよ」(『トルクレントゥス』四六五以下)。同じプラウトゥスはある神に恐ろしい言葉を語らせてもいる。「妻が死んだ。妻が旦那を喜ばせたのはそれが初めてだった」(『小箱の話』一七五)。

女が劣った立場に置かれていたとすれば、それは社会の全体的な組織構造が原因でもあった。当初ローマ共同体の大部分を構成していたラテン‐サビニ系の人口は、印欧語族に属するあらゆる民族と同様、養子縁組に大きく取って代わられつつあるとはいえ、個人に比して家系を重視し、かつ氏族とその下位区分の家族《ファミリア》(ないし家《ドムス》)に基づき構築された社会に生きていた。経済的、軍事的、宗教的な役割を同時に

(19) フロネシウムという娼婦の台詞。

備えた集合体である。当時、家族はあらゆる統一体、あらゆる国家と同様、長を戴かねばならないと考えられていた以上、また他方、女は男に劣るとみなされていた以上、氏族と家族に君臨する権威は男に割り振られるより他なかったのだった。したがって論理的には家父長《パテルファミリアス》（ないし主人《ドミヌス》）は全面的な権威を掌握していたことになる。キケロは後に、女が夫と同じ権利を有するような国は破滅に向かうしかない、と語ることになる（『国家について』一・六七）。さらに後にセネカは、「女性は服従のために、男性は命令のために作られた」と主張することになる（『賢者の不動心について』一）。隷属状態の中でも最悪のものは、男が女の力に屈することだろうと考えられていた（キケロ『ストア派の矛盾について』三六）。

他方、人口を増やす必要は常にあった。氏族と都を守るために人手も必要だった。それに、彼らの経済的生存を保障するために必要ということもあった。その建国から三世紀半が経過したとはいえ、ローマはいまだ二〇キロメートルと離れていないウェイイと戦わなければならなかったことも忘れないでおこう。ローマの諸家庭にしろ、あるいは都全体にしても、経済的には非常に脆弱であった。それゆえ、できるだけ早く子を産み、できるだけ多くの子供、とりわけ男の子を持たなければならなかった。監察官は子供を授かるために妻を娶ることを誓うよう男たちに強いたと、アウルス・ゲッリウスは伝えている（『アッティカの夜』四・三）。カトゥッルスも後にこう注意している。「家系は……倅なしに絶やしてはならぬ、同じ血筋より永久に子孫を産ますべし」（『カルミナ』六一・二一二～五）。しかも、寿命が短かく、生まれた子も全員が生き残れるわけではないので、早期の、というよりあまりに早期の婚姻が望まれた。だから中絶は、既に見たような、夫の肉体そのものへの侵害というだけでなく、国家の破壊、国家からその善き市民を奪い取る行為でもあったことは、明白なのである（キケロ『アッティクス宛書簡』一四・二〇・二）。

ローマ社会も、あらゆる古代社会と同様、役割とそれに対する代償から成り立つ社会であったことも言い添えておこう。階級同様にそれぞれの性もはっきりとした役目を有していた。女には出産と住まいの管理が、男には政務官の務めと戦争が割り当てられた。男によって果たされる役目のほうが恐ろしいものであると考えられていたため、男はその代償に名誉を受け取り、女はより保護されたもの、より穏やかなものとみなされていた地位にとどまるのである。

さらに、各氏族は、固有の儀式、祖先崇拝、そしてかまどの神を伴って、一つのまとまりを成しているので、いってみれば一家の宗教を汚しかねない外的な要素が存在することで、血筋が変質するような事態はなんとしても避けねばならなかった。それゆえに処女性と貞節は称えられたのである。既に述べたように、初性交時の男の刻印は消えないと考えられていたのだから。女が「血筋の純粋さを保証する」のである（カトゥッルス『カルミナ』六一・二二六〜七）。この点は婚姻が早いことの説明でもある。嫁ぐ女の若さは補足的に処女性を保証するからである。

こうした社会においては女の美や恋情は有用なものではないと理解される。それは危険ですらあった。女の美を際立たせることは、他の領域におけるハンディキャップを埋め、おそらく男より優位に立ち、したがって社会システムの破壊を可能にしかねないような、恐ろしい武器を女に与えかねない。ローマの男はのぼせ上がりには用心しなければならなかった。彼は自分の妻とお務めを果たすのであり、どうしてもという場合には、永続的な恋の情熱というものとはおよそ縁遠い、遊女とともに自然の欲求を満たした。結婚の狙いは快楽ではなく、将来を築くことだった。性生活は氏族の存続のために適合させられた。そのため、結婚した女はその身体のある特定の部分のためにとりわけ重要だと考えられた。ダニエル・グレヴィッチの言うように、母胎である。夫婦の絆よりも出産のほうが大事だったことをよく示しているのが、ウニウィラ、すなわち一人の夫に貞節を捧げる女、に備わる威信にもかかわらず、夫が死んだ場合、妻は、出産という務めを可能ならば別の夫と継続するために、本来の氏族の手に取り戻されることがあったという事実である。結婚した女の姿が皆互いに似ているのはこうした理由による。彼女らはローマ市において、市民を産み増やし、社会的な規範を複製するという、同一の役割を果たすのである。妻の死に際しては、彼女個人の死を悼む以上に、おそらくそうして失われた出産の見込みのことが悔やまれるのである。

その結果、女が社会の中で高く位置づけられているだけになおさらローマ人の婚姻は強制的なものとなった。プレブスの氏族はパトリキほどこの血の純粋さを必要としていなかった。これから氏族に加わる住民にいたってはこうした必要をなおのこと感じなかった。慎み深くあることを最も義務づけられているのはパトリキの女たちであり、なかでもフラーメン神官の妻たちであった。古い時期においては、婦人《マトローナ》に関して少なくとも二つのカテゴリーを語ることができたのは確かである。パトリキ身分のそれとプレブスのそれである（ティトゥス・リウィウス『ローマ建国史』一〇・二三）。しかしながら、生まれのよい人々の婚姻が模範となっていたことも確かである。倹しい家門ですら、たとえ厳格な習慣を実践する動機は同じでなくとも、由緒ある家門の模倣をする傾向があった。

婦人たちが宗教、法、政治において大いに無能力であったことは、必然的に、こうした女というものに対する通念と、社会の中であてがわれた出産を旨とするその役割とに由来する。一連の行為すべてが要求するのは、市民から構成される共同体に相対して最小限度の権威であり、その権威は女が自由に扱えるものではなかった。犠牲を捧げるにせよ、遺言書を作成するにせよ、証人となるにせよ、他の何にせよ、他のローマ人男性の前でそうしなければならなかった。こうした状況において唯一意義を有するのはローマ市の成員としての発言権であるが、ローマ市の成員とは確固たる、勇敢で率直な精神の持ち主、一家の長のことであり、要するに発言権とは正真正銘の市民たる男の発言権であった。女の契約や誓約は効力を持ちえなかった。これに他の理由も付け加わる。ローマの男たちは女が政務官に直接請願することを認めていなかった。というのも、男たちの考えでは、女たちが要求をする際には、彼女らにとっては無縁な男に向かって自分の夫に対してする以上の誘惑的な態度に出ざるをえないだろうからである。他方、男たちは無意識の内に女たちの陰謀による危険といったものを想像してもいたらしい。カトーは、ある島において陰謀を企む女たちによって男全員が抹殺されてしまうという逸話を想起させている（ティトゥス・リウィウス、同、三四・二）。

2　なぜ婦人は卓越した威厳を持っていたのか

しかし、女の役割を貶めたのと同じ社会学的な要因が、女の地位を称揚もするという傾向があった。血筋の再生産のために、そして家父長制的な規範それ自体の再生産のためにも、女は欠くべからざる存在であったからだ。婦人の子供だけが唯一自由身分の市民であったが、リーベリという言葉は子供と自由身分の男とを同時に意味する。婦人にとって幸福の絶頂とは、双子を産むことであるという（タキトゥス『年代記』二・八四）。その反面、子を産む能力のない女はほとんど何の敬意にも値しなかった。また、閉経後の結婚は自然に反する過ちであると考えられていた。出産には途方もない、ややもすると恐れの念すら抱かせるような力が備わっており、夫は〔寝床の〕薄暗がりの中ではほとんど臆病といってよいような態度で妻に身を寄せ、妊娠とお産の苦しみの期間中はよそよそしい態度を保ったのも、もっともである。子を産むというこの役目は、男にとっての戦争と同様、女に固有のものであった。だから夫は出産を待っている間も口出しをしてはならなかった。女性は秘密の力をも秘めており、大なり小なり大地と、黄泉の世界と、結びつけられていた。生理期間中の女が何か不気味な力を授けられたかのようにみなされていたのも示唆的である。大プリニウスはこの点に関して数多くの逸話を語っており（『博物誌』七・一三）、そこでは、この状態になった女は植物の枯死や動物、さらには人々の死をも引き起こす。この状態の女との関係は非常に危険なものとみなされたのだ。

しかし、女性の役割は家庭に限定されるものではない。それは国家にも関わるものであった。国民は諸氏族から成っているのだから、一家の発展はすべてローマの発展であった。さらに、女はローマ人の血の純粋性を、ひいては国民を守っていたのだ。女たちは、近親者との結婚と同じくらい、余所者との婚姻にも警戒しなければならなかった。ホラティウスの妹であるカミッラの逸話は示唆的である。異邦人の男への恋情を理由に、兄は妹を当然のこととして処罰したのである。

婦人に対して敬意が払われたことはおそらく外国の影響によっても説明される。ローマ人にはエトルリア文明からの影響の痕跡が濃厚である。ところでこの文明は、母権制社会とまではいわないまでも、女に重要な地位を認めていた。それを証言しているのが、タナクイルはセルウィウスを、トゥッリアはルキウス・タルクイニウスを後押しして権力の座に就かせたように[20]、王位の継承において女が重要な役割を果たしたという事実である。チェルヴェーテリ[21]の見事な棺に見られるような造形もまた同じことを証言している。この棺には、夫が保護者然とした物腰で妻に身を寄せる姿を見ることができるが、豊か

(20) タナクイルはローマ第五代の王タルクイニウス・プリスクスの妻であり、トゥッリアは第六代の王セルウィウス・トゥッリウスの娘にして第七代の王タルクイニウス・スペルブスの妻。

(21) イタリア中部の町。古名はカエレといい、エトルリア人の町だった。

に着飾ったこの妻は中心の位置を占め静かな威信を発しているのである。

他方、たとえ法と慣習が少女と妻に権力も権利も認めていなかったとしても、実際には理論と現実の間には溝があった。現実には、夫は家族や友人の助言を求めることなしに妻を処罰したり離婚したりすることはできなかった。監察官は、友人に意見を求めることなく離婚した男を非難し、あるいはその男を元老院から除名までした（ウァレリウス・マクシムス『故事著聞集』二・九・二）――公権力による私的領域への驚くべき干渉とでもいうべきものだろうか。それに既に述べたように、離婚自体が稀であった。監察官のカトーは、「妻をぶつことは瀆聖行為である、なぜならそれはこの世界で最も神聖な存在に対して暴力を振るうことであるから」と考えている。妻は、あらゆる権威の中心に位置する家《ドムス》の主として、必然的に、慣習と法が与えるよりも大きな影響力を享受したのである。また妻はある意味では、世人からは移り気と非難されていたにもかかわらず、連続性をも体現する存在であった。なぜなら、夫は三月から十月の間、軍事的な義務を果たすために往々にして家を留守にしたからである。そしてなおいっそう重要なのが、必要なときには、もっとも当時はそうなることが度々だったろうが、この夫の留守中、都にある家宅ではなく農村の屋敷を切り盛りしたことである。

その上、別の時代においては否定的に捉えられる多くの特徴も、生まれたてのローマにおいてはそのようなものとしてはまったく理解されていなかった。処女性も貞節も、出産も、美や愛への崇拝の欠如も、肯定的な価値であった。たとえば、処女性とは出産のために純潔を守ることであり、潜在的には出産することを意味した。ウェスタの巫女は、処女であることを義務づけられると同時に既婚者の格好をし、かまどの火と至高のペナテスとを守るのだが、彼女らはおそらく結婚前および結婚後に貞潔が持つ威信とその効能とを体現している。この性質なしには、女は氏族の中に有効に統合されることも正しいやり方でその住まいの管理をすることもできないからである（キケロ『法律について』二・二九）。ローマ人にとって処女性と出産とが相補的なものであったことは明らかである。たとえば、ロムルスとレムスの母、つまりローマで最初の母たるレア・シルウィアはウェスタの巫女であったといわれている。子供を授かる望みを失った妻たちが祈りを捧げるのは、処女たる女神ディアナであった。貞潔の力はクラウディア・クインタの逸話が象徴している。彼女は、もし自分がたった一人で船を引っ張ることに成功したら、自分の貞潔を神々が証明してくださると言明した上で、大胆な神明裁判に従い、この試みに成功したという（ティトゥス・リウィウス『ローマ建国史』二九・一四）(22)。妊娠も同様に女の力の表われであった。そのため、母親の体には危険が伴うにもかかわらず、妊娠は悲痛な経験とは思われなかった。

婦人の現実の役割は当然、社会の中で彼女が占めている位置に結びついていた。最も保存する必要のある家系とはパトリキすなわち貴族の家系であった。だから婦人が最も神聖であったのもこの階級においてである。そのため、パトリキの女たちは他の身分の女たち以上に、従属的であると同時に敬意を払

(22)　スエトニウス「ティベリウス伝」二も参照。

われる存在でもあった。さらに、婦人の各カテゴリーの内部においても、生まれや夫の地位に応じて、要は子孫にかけることのできる望みに応じて、明確なヒエラルキーがあった。ローマ人の女はそれ以外の女より価値があるし、ローマでは当時いかなる妻も自分と同じ家柄の夫と対等になることはできないとしても、高貴な素性の女の中にはもっと平凡な出自の男より大きな威信を保持する者もいるのは、もっともなことである。

他方、なぜローマの女は無視できない宗教的な役割を果たしていたのか。これもやはり出産という力に起因する。これは神々のそれにも匹敵する力であった。つまり女は神聖な権力を握っていたのだ。古代世界のように、人間の地位から神々の地位へ、あるいはその逆へと移ることが容易であるような世界においては、それは恐ろしい能力であった。

女性の関わる宗教的祝祭の意味と数の多さについてはこれまで非常に様々な解釈がなされてきた。ある者は通過儀礼と（J・ガジェ）、ある者は古代社会における様々な階級に対応した祭儀と考え（G・デュメジル）、もっと多いのが、少女や妻の人生における様々な時期にあてがわれた加護の求めと考えるものである。儀礼の大部分を最もよく説明するのはこの最後の解釈である。婦人の関わる祭儀はまさにその女の力と関連するものだった。その際には信者たちが、女に神様の加護があり、都におけるその卓越した役割を果たすことができますようにと、神々に祈る。その結果、こうした祭儀がこの役割を称揚しもするのである。主要な祭儀の最初のものはフォルトゥナ、すなわち運、幸運の女神のそれであったように思われる。この祭儀は確かに、結婚、初夜、出産などの、女性の人生に訪れるあらゆる危険な瞬間に加護を授けてくれるよう運命に祈るためのものだった。フォルトゥナは、いつ女に敵意を向けるかもしれず、信者もその像に触れてはならないほど恐れられた、少々不安気な女神であった。フォルトゥナ・ムリエブリス、女たちのフォルトゥナも、もちろん同じような役割を果たした。前四世紀初めごろには、幾分予測のつかないところのあるこういったフォルトゥナの女神たちにユノが取って代わった。少し遅れてようやく姿を現わすのがウェヌスであり、この女神への神殿建立はようやく前二九五年のことだった。

だが同時に、より専門特化した祭儀も増加しており、これは少女や妻をその人生のあらゆる時期において保護し、様々な人生の移行過程を称揚するものだった。ウェスタの巫女の祭儀は処女性を守る必要性を謳い上げ、その役割を褒め称えるものである。ボナ・デアの祭儀、ケレスの祝祭、ノナエ・カプロティナエ（切ると乳汁を滴らせるイチジクの木を用いる、この樹木はこぶのように生るその実が乳房を想起させる）、ルペルカリア（婦人の鞭打ちを伴う、この鞭打ちは彼女らに多産を保証するものとみなされていた）、これらはどれも多産性を称揚している。マーテル・マトゥータとは、その儀礼には意味の不明瞭なところが多いとはいえ、その名前が示唆するように[23]、第一に成熟と曙の女神であったことは

（23） mane（朝）、および maturus（成熟した、時を得た）と関連。

確実である（先に言及した「姉妹」とはおそらく乳房である）。一部の祭儀は女性の性衝動を一定の方向に誘導しているように思われる。たとえば、本書冒頭[24]で言及したような欲望の爆発を伴うボナ・デアの祭儀は、おそらく都から有害な欲動を吐き出すためにも役に立ったのであろう。一定の方法に従った欲望の解放はおそらく古来の慣習に由来するものであり、これに関しては数多くの痕跡が残されている。神殿が奉じられた最初のウェヌスがオブセクエンス、「従順な」と呼ばれたのも偶然ではない。まるでその力に与ろうと欲しながらも、同時に宥めようともしていたかのようだ。

やがて庇護の対象となるのは女の人生における様々な時期というだけにはもはやとどまらず、その人生のほとんど全ての瞬間にまで広がった。ユノ・ルキナは出産に気を配り、カルメンタ・ポストウェルタ[25]とカルメンタ・プロルサ[26]は出産前に赤子をよい位置に戻すのを助けるために力添えさえした女神にちがいない（アウルス・ゲッリウス『アッティカの夜』一六・一六）。ウェヌス・クロアキナは、その名前もクルオー、すなわち「清める」から来ていることは確実だが、女性の衛生に効用があるとみなされていたギンバイカと結びつけられて、洗滌を司った。キリスト教作家たち（特に聖アウグスティヌス『神の国』七・二以下）は、女性の人生のあらゆる局面を守護するかくも多種多様な神格の存在をあざけっている。だがこうしたあらゆる宗教的な装置は、母親がどれほど大事だとみなされ、どれほど絶えず神々の配慮のもとに置かれていたのかを証明して余りある。

他の儀礼は、より疑わしいが、おそらくはやはり女性の力という点から説明できるものの、あまりおおっぴらにできるものではなく、都ローマはこれを覆い隠してきた。たとえばノナエ・カプロティナエはローマ史におけるいかがわしげな逸話を示唆しているようであるし、どうにも敵に対する献身を想起させるもののように思われる。女たちは、自らの身を敵方の軍勢に差し出すことで、相手を武装解除させたのだ。しかし、この少々不名誉な逸話のために、伝承はわざわざ手を加えて婦人のところを奴隷女においき替えている（J・シャンポー参照）。

こうしたあらゆる儀礼の発展の過程で、エトルリア、イタリア、ギリシアの影響が作用したことはまったく明白である。だが、占卜の領域においてローマ人の女に役割が認められたのは、とりわけエトルリアの影響によるところが大きい。タナクイルは王妃でありかつ祭司であった。

宗教の分野でもそれ以外と同様に、社会的なヒエラルキーが重要であった。この社会においてパトリキの女に託された使命を擁護しかつ称揚する儀礼は、必然的にその他のものより優先された。パトリキ身分に取っておかれたウェスタの巫女の祭儀に関しては議論の余地はない。フォルトゥナ・ムリエブリスやマーテル・マトゥータ、プディキティアの祭儀に関しても、同様だろう。これらは、一人の夫しか

（24）「はじめに」のユウェナリスからの引用。
（25）逆子の出産を司る女神。
（26）逆子でない赤子の分娩を助ける女神。

持たない女、ウニウィラに取っておかれたものであるから、古いものであると思われる。その上、パトリキの祭儀とプレブスの祭儀、二つの祭儀が共存している領域もある。たとえばプディキティアへのそれである。ティトゥス・リウィウスによると、プレブスの男と結婚したパトリキの女であるウィルギニアは、パトリキ用の祭儀から締め出されたことに腹を立て、他の身分の婦人たちも貞節において上流階級の女たちに劣るものではないことを示すために、自分の邸宅にプレブス用の純潔の女神の聖域を設けたという（ティトゥス・リウィウス『ローマ建国史』一〇・二三）。プレブスの女がパトリキの女を真似るということ、そしてローマでは対立も結局は最も厳格な習慣にとって利益となるような競争心に転じることが、見て取れよう。

Ⅳ　ローマ草創期の女の人生の光景

少なくとも曖昧という他ないこうした境遇のもと、ローマの女の人生がどのようなものであったか、想像できるだろうか。史料には事欠かないものの、それらは、男性の観点から状況を「理想化」したこと確実な後代の著作家の手になるものである。

少女は常に家の中にいるものとして描かれる。そこで将来の母としての役割を担うべく育てられるのである。当初、子供の教育を担うのはもっぱら両親であり、少女と少年で教える内容に類似性があったとは考えにくい。後に家庭教師やさらには学校が生まれるようになっても、前五世紀に少女のための学校があったと言及するティトゥス・リウィウスの証言はあるものの、学業を続けるのはやはり少年のみであったろう。もし例外的に少女が家の外に出かけるとしても、母親か乳母かまたはどこかの親戚の付き添いのもとでであった（ティトゥス・リウィウス、同、三・四四）。

乙女は厄除けの意味がある赤い帯で縁取りしたトガを身にまとっていたが、これには乙女が首にかけるお守り入りの首飾り《ブッラ》と同様に彼女を守るという意味があった。また髪の毛は首の後ろで束髪にしてまとめていた。

乙女はいったん結婚すると、ほとんど体全体を隠してしまう。ホラティウスは伝統的な婦人の姿をそのようなものとして描いている。「女の体のうち人目に触れるものは顔立ちだけ、残りはといえば、地面に届くほど垂れ落ちる衣服……、踵にまで達するローブ、その上をまとう外套……の下に隠してしまう」（『諷刺詩』一・二・九四以下）。実際に女はゆったりとした羊毛のローブ（ストラ）を身にまとい、これは地面すれすれまで垂れ、足を隠し（女は足を見せてはならなかった）、普通袖つきであった。外出のためには、羊毛でできた一種の大きなショール、非常にゆったりした肩掛け（パッラ）を身に着けたが、これを女は頭からかぶり、外套の役割も果たした。このパッラは実際には多様な機能を果たすものである。これは顔の一部を覆い、頭髪を隠し、幾分動作を妨げる。つまり女は美を隠すのである。美のもたらす災厄がいかに恐れられていたかは既に見たところである。女は頭髪を隠す。髪は、どんなにきちんと整えられていても——細い帯を用いて三つ編みにまとめる（ウァッロ『ラテン語考』七・四四）——そのエロティックな力のために恐れられたが、それは、頭に何もかぶらず外出することは女にとって恥ずべきこととされ（ウァレリウス・マクシムス『故事著聞集』六・三・一〇）、服喪およびある種の宗教的儀式のためを除いて結った髪を解いてはならないほどであった（プルタルコス『ローマ人に関する問い』一四）。身体の動きに加えられる束縛に関していうと、これもまた象徴的である。女は自分の望む動作をとるのに難儀したにちがいない。下着として女は一種の腰巻とストロフィウムという胸を支える帯とを身に着けた。靴に関しては質素なサンダルを履いた。婦人は宝石も身に着けた。

だが無駄な贅沢というものはなかった。生地の色はぱっとしないものである。ローマ人の女は化粧をしない。明るい顔色は何より好まれたのだが。当時の女は香水もつけなかった。何の匂いもしない女が一番よい匂いと、膾炙したラテン語の諺は請合っている。宝石類は、おそらくエトルリアの宝石から受け継いだものだが、装飾用という以上に市民的、宗教的、経済的な価値を有していた。市民的というのは、女たちは優れた行ないに応じてそれを身に着ける権利を授けられるといわれているからである。たとえばコリオラヌスへの仲裁の後に、女たちはネックレスと緋色の縁取りをした衣服を身に着ける許しを得た（ウァレリウス・マクシムス『故事著聞集』五・二・一）。とりわけ女たちは宗教祭儀のために宝石を身に着けた。たとえばユノ・レギナの祭儀がそうであるが、この女神もまた黄金で着飾っていた。宝石とは神格に対する崇敬の印である（J・ガジェ『マトロナーリア』[27]）。最後に宝石とは、家族にとってと同様、都にとっても、一種の蓄えまたは資産なのである。既に見たように、都が金銭を必要とする度ごとに、母たちは自分の装身具を差し出している。また、夫に出費の必要のあるときには、それを転売することもできた。こうした装飾品《オルナメンタ》の数は限られていた。イヤリングの類やネックレス、外套を留めるための留め金などである。婦人は喪に服している場合にはそれらを外した。彼女の身なりがその蓄えを表わしていた。男たち自身もまた、女が過度に着飾らないように注意していた。あるウェスタの巫女はその度を超した洗練のために告発され、最高神祇官の前での弁明を余儀なくされた（ティトゥス・リウィウス『ローマ建国史』四・四四）。流行とは普通、身体を代わるがわる覆い隠したり曝け出したりするようなエロティックな遊戯の表われのことであるが、この流行という現象が当時のローマには存在していなかったということは示唆的である。

だがこうした身なりは社会における母親の役割をも示している。ストラと宝石の着用はとりわけ母親たちを他の女たちから区別するのに役立った。最初期の時代においては奴隷女も娼婦も伝統的な宝石類を身に着けていなかった。衣服という点に関していうと、奴隷女の身なりは婦人より身軽であり、その

(27) 参考文献にはないが、次の文献。J. Gagé, *Matronalia : essai sur les dévotions et les organisations cultuelles des femmes dans l'ancienne Rome*, Bruxelles, 1963.

分彼女らの魅力を隠さないが、同時に外からの侵害に対する防御も低くなる。娼婦たちはというと、男のようにトガを身にまとっており、もちろん入念に身なりを整えていた。プラウトゥスにおいて、娼婦たちの一人が、女友達と一緒に身支度をしにいったときのことをこう話している。「明け方からずっと……一時も手を休めず、体をこすり、体を拭き、身支度をし、体を磨き、また磨き、化粧をし、おめかしをして……女一人だけでなんて多くの面倒を生んでしまうのかしら。これが女二人になったら国一つ丸ごと大騒ぎだわ」(『カルタゴ人』二一七以下)。

私たちは婦人の容貌を正確には理解できない。ずっと後になって作られた複製を頼りに想像しなければならないからだ。そこでの女性たちは峻厳な面持ちである。新婦と同じで、その姿は互いに似通っている。彼女らはある一つの役目を果たすのだから、個性とか独創性とかを表明する必要はないのである。

女たちの生き方について正確な知識を得ることも容易ではない。単純化しないよう気をつける必要があることは確かだ。王政初期の、身分がどうだろうと、粗末な小屋に住まい、ささやかな快適さもなく非常に質素な生活をしていた最初期の妻たちと、共和政期の富裕な婦人との間に、越えがたい溝があることは確かである。だが、古代の作家たちが残した記述は、男が家の外で生きるのに対し、家の中でその人生を過ごす女の姿を常に描いている。ギリシアの女のように女部屋《ギュナイケイオン》の中へ窮屈に隔離されるまでもなく、現にローマの女は普通は自宅にとどまるものだった。街の中をぶらつくこと、「通りを歩き回ること《ウァガ・ペル・ウィアス》」は、慎みを欠くとみなされた(ティトゥス・リウィウス『ローマ建国史』二二・七)。

女は競技場へ出かけたり誰でもかれでも話しかけたりすることは、たとえば素行の悪い解放奴隷の女と話すことは、慎まねばならなかった（ウァレリウス・マクシムス『故事著聞集』六・三・一一〜一二）。もしたまたま外出する場合には、馬車に乗った。この点は倹しい身分の女と比べればある種の特権であった。

既に見たように、本来奴隷がするような仕事は免除されていたとしても、ローマの女もおそらく多くの仕事に従事していた。とりわけ屋敷に住んでいるような場合はそうだ。しばしば下女たちの間に交じって、未加工の羊毛を洗い、それを紡ぎ――女性的な営みの象徴――、後にアウグストゥスの娘ユリアまでもがそうしたように、家族が着るトガを織り、食事の支度をする。まさにこうした家事をしているところの姿が史料では描かれている。怠惰、出費、贅沢、さらには快楽の敵、これぞ秩序と義務を守る女の姿である。女は自分のためではなく子供と夫のために生きていた。女は常に、自分の夫の昇進を心配し、戦争の危険を恐れ、夫の成功を誇りとする、そのようなものとして描かれている。女は貞節への信仰の内に生きた。ヘレネ[28]やファイドラ[29]のような女はローマ人ではなかった。監察官のカトーが孫に対してそうしたように、夫も時には子育てを助けるのだけれども、自分の子供に絶えず気を配るのは女であり、これこそ女の何よりの関心事であった（プルタルコス「監察官のカトー伝」四一[30]）。

（28） メネラオスの妻で、トロヤ王子パリスにさらわれた。
（29） テセウスの妻で、夫の先妻の子ヒッポリュトスに恋し拒絶される。
（30） 四一とあるが二〇の誤りだろう。また、カトーが面倒を見たのは孫ではなく子。

女の社会生活は限定されたものだった。女は、庇護民《クリエンテス》ないし友人を招いて家《ドムス》の中で開かれる伝統的な歓待の席に連なることはできなかったが、代わりに両親をもてなすことはあった。だが言葉遣いの点でも服装と同様、女のふるまい方は控え目なものだ。この時期の終わりになると、男は夕食のために寝そべることを始める一方で、女は座った状態で質素な夕食をとった（ウァレリウス・マクシムス『故事著聞集』二・一・二）。

王政ならびに共和政初期における女の境遇はこのようなものである。その境遇は階級に応じて一様ではなかったが、概して相当な従属状態にあった。それは、恋愛感情の強い自制を要求するものだったが、イデオロギー的であると同時に社会的なものでもある原因に起因する境遇であった。だが婦人たちはこの従属状態に堪えていたようである。いずれにせよ、この時期に関しては、実際にいかなる抵抗の声も聞かれない。大いに畏怖されたウェスタの巫女に欠員が生じることは決してなかった。パピリウスの母とその女友達が、一人の夫が二人の妻を持つよりむしろ一人の妻が二人の夫を持つことのほうを望んだという話は、むしろ従属状態に堪えていたことの表われである。だが、彼女らはなぜこのような状態を受け入れることができたのか。おそらく彼女らを取り巻く多大な敬意のためであろう。だが他の理由のためでもある。女の人生は規範によって定められたものであり、それが問い直されるなどそうあることではないし、自然によって課されるものを除いては不測の事態に見舞われることもなかった。女の権能は男のそれとはまったく異なるものであり、各々が自分の領域における主人であった。他方、これは自分自身の地位を正当化するためのものでしかないのだろうが、夫の側の考えに女が従わなかったというのも考えにくい。女には生まれ持った義務を果たしているという自覚があった。ウァレリウス・マクシムスが言うには、「自然は、生まれてきたのと同じように自分も子を産むことを（我々の）義務とした。両親も、（我々の）幼少期の面倒を見ることで、今度は（我々に）子孫を育てるという務めを課した」（同、二・九・一）。後にキケロがそうしたように、起源譚の暗がりの中に、結婚というものがない社会の存在を追いやりつつ、ローマの女は一夫一婦制の、子宝に恵まれる結婚というものを、文明のより優れた段階とみなさなければならなかった。結婚のない社会においては、各々が誰とも知れぬ親の子供であり（『発想論』一・二）、血は違いを生み出さず、家系ははっきりせず、家族も血縁も親類もなく、家畜の群れのように、何もかもがもつれて漠然とした状態であり、男の間にはいかなる慎みもなく、女の間にはいかなる羞恥心もなく、お互いに対していかなる安定した感情を抱くこともない二人の配偶者の間には何らの夫婦愛も存在することができず、誰が誰の息子なのかわからない以上、親孝行も存在しない（『国家について』四・七）、と。

　ローマ人にとってこの制度は、その要求の厳しさゆえに貞節を生み出すものであり、たとえ感情というよりむしろ社会上の役割に応じたものであると思われるとしても、深い情愛を生み起こすものであった。この時代の歴史は婦人たちが発揮したあらゆる美点を数えあげている。そこに居並ぶ、献身的であるのみならず英雄的な女たちの、なんと驚くべきことか。ルクレティアは自殺することも躊躇わなかった。クロエリアは勇敢な武人のようにふるまった。だが、その横で、国家や家のためであるはずのなんと多くの美徳が忘れられていることか。それらは、厳格な慣習が日ごろから絶えず発揮を求めるような類の日常的な美徳なのである（リュシエンヌ・デシャン、『ヴィータ・ラティーナ』一三二号参照[31]）。

（31）参考文献にはないが、おそらく次の文献。Lucienne Deschamps, ‘Les Dames de Février dans les Fastes d’Ovide’, *Vita Latina* 132, décembre 1993, 10-17.

第二章　共和政末期――不安定で限定的な解放

I　示唆的な衝突

前二世紀の初めには、女性の地位はしっかりと定着し女たち自身によっても容認されていたように思われる一方で、女たちによってあるいは彼女たちと関連する形で引き起こされた、しばしば深刻なものであった騒乱が火を吹いた。

1　女の支出に関する法の見直し

まず騒乱はオッピウス法をめぐって生じた。この法が公布されたのは前二一五年、カルタゴとの闘争が最も深刻な段階、ローマが挙国一致の抗戦に訴えなければならなかったときだった。同法は婦人たちに対し、半オンス（すなわち一四グラム）以上の黄金を身に着けること、色で引き立たせた（おそらくストラを縁取っていた緋色）衣服を身にまとうこと、ローマおよびイタリアの都市で馬車を用いることを禁じた。ところが前一九五年、この戦争が終結すると、護民官はこうした規制を設ける理由はもはやないと判断し、同法の廃止を提案した。すると論争が過熱していったのだ。夫たちは自分の妻を上手く従わせるのに失敗した。彼女たちは路上に繰り出し、公共広場《フォルム》への出入りを封鎖し、執政官《コンスル》や法務官《プラエトル》に訴えかけ、近隣の町の婦人たちから援軍を得た。中には堕胎までする女もいた。注意すべきは多くの男が女の擁護に回ったということだ。だがとりわけカトーが廃止反対に立ち上がり、女の力を制限するために古来ローマ人がとってきた措置のすべてを想起させながら、ティトゥス・リウィウス曰く、後に有名となる次のような言葉を男たちに言い放ったという。「女が諸君らと対等になれば、女が諸君らを支配するであろう」、と（『ローマ建国史』三四・三）。その時には女たちは、いかなる修正にも自らの拒否権でもって応じていた二人のブルートゥスの家の門を封鎖するまでになっており、結局、同法は廃止された。つまり、政治的権利に与ることなく、婦人たちは一つの法の廃止を勝ち取ったのだ。

2　宗教上のスキャンダル

オッピウス法廃止から九年後、今度はバッコスの祭儀にまつわるスキャンダルが発覚した。ディオニュソスの密儀に関連したその祭儀は、曰く、あるギリシア人によってエトルリアに導入されたもので、後にローマに浸透し、この地で大いに発展した。当初は女だけがこの儀式への参加を許されていた。後には男もこれに加わった。参加者は酒を飲み宴を開く。そこでは年齢や階級の別なく、誰もが放埒に身を委ねた。この祭儀はいったんローマ市内に導入されるや否や、より影響されやすいと考えられた二十歳未満の若者しか入信させないよう注意が払われ、女が自ら若い男にこの祭儀の秘儀を明かした。入信儀礼は大部分が性的行為に取って代わられたようである。それはおそらくシンバルと太鼓の音にあわせての強姦によって特徴づけられるものだった。集会中に毒殺や偽証を助長することすらあったという。ある娼婦によってなされた密告に続いて（その供述は執政官のもとですら信用を得たという――これが新奇な事であったという点は指摘しておかねばならない――）、この祭儀は放逐された。処罰は過酷であり、七千人が有罪宣告を受けた。

3　女の毒殺者と裕福な女性相続人

注目すべきことに、前一八四年、一八〇年、一五三年に――ティトゥス・リウィウスを信じるなら（同、八・一八）、遡ること優に前三三一年の前例の後おそらく初めてということになるが、この最初の事件に関しては疑義が提出されている――多くの婦人たちがその夫を毒殺した罪を暴かれている。

前一六九年、無手権婚《シネ・マヌ》（この新しい結婚の形式については後述する）をしたある女たちが過度に富を成したというので、ウォコニウス法という法で第一等級の市民が女に有利なように遺言を残すことを禁じた。しかし、贈与をする、あるいは、遺言者の父親が、娘にすぐに返還するという約束のもとで、信託遺贈の相手に自分の財産を暫定的に委託するという抜け道のおかげで、この対策はすぐに骨抜きにされた。

こうした事件はすべて女の地位と態度における変革を表わしている。彼女らは財を成し、もはや服従せず、意思を表明し、政治的・宗教的領域において主導権をとり、そして中には犯罪にまで手を染めることも辞さない女も出てくるのである。

II 変化の原因

1 構造的・経済的原因

氏族《ゲンス》の力は弱体化した。たとえつい最近までこの氏族が共同体の骨格を形成していたのだとしても、プレブス身分の氏族の発言力の増大と多様化は次第に旧来の制度を破壊していった。パトリキとプレブスの間での結婚は、かつて社会の規範としての役割を果たしていたパトリキ家門の威信を徐々に曖昧にしていった。父、母、子供、そして幾人かの先祖ないし傍系親族から再編成された家族が、古い大家族に取って代わった。また家族は間々往々にして父、母、子供から成る緊密な核家族に縮小していた。女の役割は威厳の点では減じたが、同時に自立という点では得るものがあった。

他方、第二次ポエニ戦争後、ローマ人は自分の地所をウィリキ、すなわち農場管理人に預けて去り、都市居住志向に拍車がかかった。そして農場では管理人の妻が、祭儀の執行までも、一家の母に代わって務めるようになった（アッピアノス『ローマ史』一・七、カトー『農業論』一四三）。婦人《マトローナ》は、今やローマ市に落ち着いて、かつての農村屋敷よりも必然的に小ぶりで、集まる人の少ない住宅の中で、これ以後、大抵は仕事から解放されるようになり、したがって自分自身のことに費やす時間をより多く持てるようになった。

2 帝国の拡大

およそ五十年のうちにローマは地中海周辺ほぼ全域の支配者となった。この発展は数多くの影響をもたらした。第一に同盟諸市の数の増加である。これら同盟市はローマ軍の兵力を大いに補い、このことは人口増加の必要性を減じさせた。危険が以前ほど差し迫ったものではなくなったからだ。やがて前二世紀末には、マリウスの推進により、正真正銘の職業軍隊が姿を現わすことになる。この結果、男たちの中でも、ある者たちはますます遠隔地での遠征に従軍することになり、別の者たちは反対に長期の兵役を免除されることになった。前者の場合、女が家《ドムス》の管理者としての役割を務めなければならなかった。後者の場合、男は、かつての戦士としてのそれと比べると凡庸なものである、単なる民間人、トガートゥスとしての役割に落ちぶれ、妻はおそらく、自分が夫と対等な権限を享受できないのにもはや納得いかなくなるであろう。加えて、戦争捕虜である女の奴隷がどっと到来した。この大量流入は婦人にとっては労働の負担の軽減になった。それゆえ、多くの社会で認められるのと同様に、実際には余所者の女の到来が生抜きのローマ人女性の解放を可能にしたのである。最後に、被解放奴隷や故郷喪失者といった、固有の伝統を奪われた女の数が増加したことにより、一連のより柔軟な結婚形式が一般的になった。

3　都市ローマの富裕化

征服はローマ自体をも飲み込んでいった。大カトーの言うように、「ローマが富をとらえる以上に、富がローマをとらえたのだ」（ティトゥス・リウィウス『ローマ建国史』三四・四）。ローマ人はその時まで貧困のうちに、さらに第二次ポエニ戦争の際には窮乏を堪え忍んで生活していたものだから、富はなおのこと目につくものだった。女たちは間接的に、また時として遺産や嫁資金という形で直接的に、この富から利益を得た。スキピオ・アフリカヌスの娘たちは五〇タレントの嫁資金を受け取ったというが、これは莫大な金額である（ポリュビオス『歴史』三一・二七）。かつての素朴な生活はもはや過去の記憶でしかなかった。この頃から自分の夫より裕福な婦人が大勢出てくる。その旦那方は、政務官が選出される民会の前に選挙人の気を惹くために、つまりは先祖から受け継いだ遺産を維持するために、気前よく出費しなければならなかったのだから。

4　文化的な影響

征服によるまた別の成果、文芸・芸術上の貢献がメンタリティーの変化を促した。注目に値するのは、少なくとも当初は、こうした貢献が往々にしてローマ市のローマ人以上にイタリア人や解放奴隷を介して為されたということである。概してギリシアから影響を受けたものである、ウンブリア人のプラウトゥスの喜劇や、さらにはテレンティウス（アフェル、アフリカ人とあだ名された）による後代の諸作品は、貪欲な若者や好色な老人を、快楽の追求にどっぷりと浸った世の中を生き生きと描いている。たとえ、結局作品中では、大抵道徳が保たれるとしても。ウェローナ人のカトゥッルスのような恋愛詩人たちの着想のもととなったのはギリシアやアレクサンドリアの詩人たちだった。こうした文芸作品はいずれも、少々単調な人間であったローマ人に、恋愛感情の持つ繊細と機敏、そして苦悶の手ほどきをしたのだった。恋愛は、詩人のルクレティウスが問答無用で非難するほど、精神をやつれさせるものだった。同様に、この時から住宅内や時には公的な場所をも埋めるようになった絵画や彫刻も、女に対する新しいイメージを、より優美で洗練されたイメージを伝えている。イタリア人の女、特にギリシアの影響を受けた南イタリアの女たちは、彼女らをうらやむローマの女たちに（ティトゥス・リウィウス『ローマ建国史』三四・四）、古式ゆかしい婦人のそれとは異なるモデルを提示した。遠征や旅が、その時まで非常に狭い範囲の中で生活してきたローマ人に、別の風習というものを認識させた。こうした新奇さは最初は上流社会に及ぶのみだったが、やがて共同体の全体に影響を及ぼした。

5　新宗教

ローマ人は、いつの時代にも、外国の祭儀に対して非常に開放的であったのだが、この頃にはディオニュソスやキュベレ、イシス、セラピスなどの宗教に侵食されていた。女たちは、伝統的な宗教の場合には周縁的な位置にとどめおかれていた一方で、こうした外来の祭儀は、男と同じくらい容易に、あるいは時として男以上に容易に、受け入れられ入信を許されるものだから、それだけにいっそうありがたがった。その上、ローマ本来の祭儀とは逆に、こうした祭儀は陽気なものであることが多く、その祝祭も羽目を外したものだった。輸入宗教に対するこうした熱中は、ローマ固有の女性による祭儀に対するかなりの関心の低下を必然的に引き起こした。だがそれだけではなかった。イシス崇拝のような祭儀は、両性の平等と愛による解放を謳っていた。詩人のプロペルティウスやティブッルスが愛したキュンティアやデリアのような女がイシスの信者だったことが思い起こされよう。

6　生理学上の観念

こういった考え方が女にあてがわれた役割を変化させ、かつ修正していった。小カトーにまつわる以下のような逸話が示しているように、確かに、多くの人々は妊娠の際、男の種のほうが優越すると常に信じ込んでいた。友人のホルテンシウスが妻との間に子供をもうけることがどうしてもできないというので、彼が立派な子宝に恵まれるよう、カトーは躊躇わず自分の妻を彼に与え、その女が独り身となるや否や、また再婚したという（プルタルコス「ウティカのカトー伝」二五）。しかしながら、やはり外国からの貢献の影響の下、特にクニドス学派の医師たちが原因となって、ある変化が現われつつあった。女もまた種子を有しており、男のそれに劣らず効力を有すると、徐々に信じられるようになったのだ。生殖における各パートナーの役割は、ルクレティウスによると、愛の激しさと関連しているという（『事物の本性について』四・一二〇二）。つまり、気性の激しい女は彼女によく似た子供を持つことができることになる。それに、ローマ人はもはや子供に自分の面影を常に見出すわけではなかった、ということもある。富と風紀の弛緩によって、子供はあまり従順ではなく、家族にとってよそよそしい存在になった。これが世襲という概念すら掘り崩すのであり、以前よりも頻繁に養子縁組に頼るようになったということは注目に値する。

他方、両性の特異性に関する観念も揺らいでいた。輸入された諸宗教は両性の相違を曖昧にする慣行を持ち込んだ。キュベレの祭司は皆去勢された男ではなかったか。ギリシア人は両性具有の神々を認めており、そうした神の像は両性それぞれの美を結び合わせたような観を呈していた。だから、アメシアというある女性が法廷弁論の才を見せたとき、人は彼女には男性的なところがあると考え、彼女をアンドロギュネー〔男女《おとこおんな》〕と呼んだのだった。逆に詩人のルクレティウスには女性的な肢体の少年に言及することができた（同、四・一〇四六）。さらに後には性無き存在、すなわち宦官すら認められるようになり、皇帝の宮廷において大きな役割を果たすことになる。

しかしとりわけ蔓延したのはギリシア人の男性同士の同性愛に対する嗜好であった。この点に関してはローマ人は文化的・宗教的な理由のために影響されるがままであった。文化的というのは、彼らにとって少年愛の実践は一種のギリシア模倣であったからだ。宗教的というのは、神秘宗教は同性愛的な儀式の様相をしばしば呈していたらしいからである。バッコス神崇拝の祝祭は、かつては自然に反するとみなされていたような慣習を伴うものだった（ティトゥス・リウィウス『ローマ建国史』三九・一三）。そのため、ギリシア風の恋愛は広まっていったが、それは特に奴隷または解放奴隷を相手にする場合に認められたものであり、奴隷身分の奉公人は往々にしてギリシア出身者だったのでなおのこと容易に広まった。おそらく数多くのローマ人の男が、当時、結婚前にこうした関係を持つにいたっただろう。その反面、自由人の男同士での同性愛は稀なままであった。受け手の役割を引き受けることは最悪であった。政治弁論家は稚児だったことのある論敵を痛烈に非難している。その結果、特に知識人の間に、性に関する相当な倒錯が忍び込むことになった。おそらく彼らの多く、カトゥッルス、ホラティウス、ティブッルスなどは両性愛者であり、男と女、両方の能力を併せ持つ様を思い描いている。カトゥッルスが自分の愛人をレスビア、すなわちレスボス島の女と呼び、彼女を褒めそやすために、サッフォーが愛する少女を称えるために用いた詩句を借用していることは、示唆的である。

7　市民間の抗争と内乱

この時期の後半、特に前五〇年以後において、市民間の抗争が女性の解放にとって決定的であった。グラックス兄弟の信奉者である民主派（民衆派《ポプラレス》）と元老院の支持者である保守派（閥族派《オプティマテス》）の間の対立、後にはマリウス派とスッラ派、カエサル派とポンペイウス派、オクタウィアヌス派とアントニウス派等々の間の闘争が家族の内部にまで影響を及ぼし、女たちも、その父ないし兄弟や夫の間で往々にして引き裂かれた。ベスティアは、危険に曝されている自分の夫に対して門を閉ざした（ティトゥス・リウィウス『概要』八九）。美しいクロディアは民主派であろうとした自分の弟を、夫のメテッルスに逆らってまで守った。キケロの妻のテレンティアは、夫がカエサルとポンペイウスに逆らった戦争において敗れたものだから、長年連れ添ったにもかかわらず、容易に夫を見捨てた。カエサルの愛人にしてブルートゥスの母であるセルウィリアは、最終的に共和派の陣営を選んだ。大勢の男たちもまた自らの権威が薄れるのを目の当たりにした。以前は小さな党派それぞれに頭目がいたが、今では何人かの派閥の指導者のみが幅をきかせていた。その上、三月十五日〔カエサルの暗殺〕以後、国家の構造が完全に分裂してしまい、このことが風紀の領域における自由を大いに助長した。

Ⅲ　変化

1　教育の領域で

教育の面で既に変化は顕著だった。一般的にいって、今や少女は少なくとも読み書き計算という初歩知識、エレメンタを習得するようになった。おそらく、小学校と呼びうるものがいくらか彼女らに開かれていた。グラックス兄弟の母であるコルネリアを手本として、母親たちは教育面でより積極的な役割を果たすことができるようになった。それも、娘の教育に限らず、息子の教育においても、である。保守派の反対にもかかわらず、娘たちには舞踊と音楽が教えられた（マクロビウス『サトゥルナリア』三・一四）。

2　結婚

結婚に関しては、娘の意思が少しは考慮されるようになった。テレンティウスの喜劇がそれを証明している。キケロは、娘のトゥッリアがピソを、後にはドラベッラを気に入ったことに満足している。夫を選ぶに際してはそれ以上に母親が口出しした。どうやら一般的に、より威信のある最初の結婚に関しては父親が裁量を握っていたが、その後、娘の離婚や再婚の場合には、娘の自由が通りやすくなり、普通、母親とともに相手の選択をした。テレンティアもそのようにして娘の結婚を、娘の同意の上で、取り決めたのだった。娘にもはや親がいない場合、叔母も同様に口出しすることができた（キケロ『卜占論』一・一〇四）。過去の時代とは反対に、求婚者が本当に言い寄ってくるということも起こった（キケロ『アッティクス宛書簡』六・六）。

大体のところ、かつては両親は特に男の子のことを気にかけていたのに対し、今では女の子の心情に対しても配慮するようになった。キケロは愛しいトゥッリアに心から愛情を注いでおり、その顔立ちや声、さらには性格の面でも、娘に自分の面影を見出す（『クイントゥス宛書簡』一・三）。娘が死んだときには、聖域を設けて娘を神格化しようとまでするのである。何という変化だろう。以前なら、既に述べたように、父親が自分の面影を見出すのは息子の内であった。だがそうはいっても、キケロも誇りと将来の希望のすべては息子に託さなければならなかった。家門の中で執政官の位に達した最初の人物の息子として、自動的に一族最初の貴族となるのはこの息子だったのであるから。だが、息子のほうのトゥッリウス・キケロは偉大な弁論家たる父にまるで似つかわしくないことが判明したと、言わねばならない。宴会に明け暮れ、政治や文学や哲学よりむしろ戦争に熱中する有様なのだから。

他方、結婚制度も変化した。ローマ人の女は今や一般的に無手権で結婚するようになった。女は父親に従属したままになるから、夫に対しては貸し出された状態となるのである。束縛は昔と比べて議論の余地がないほど軽くなった。父親が死んだなら、女は後見人に従属することになるが、その後見人が好意的でないならば、それを変更することは容易であった。女は自ら離婚することもできるようになった。もし彼女に父親か父方の男性親族がいるなら、たとえ彼女が個人で離婚することはできなくとも、彼らの同意を得さえすればそれでよかった。パウラ・ウァレリアという女性が前五〇年四月に行なったのがこうしたことである。彼女は夫に対して何の不平があるわけでもないのに、単に別の男と結婚するつもりであるというただそれだけで、夫が属州から戻ってくることになっていたまさにその日に夫を見捨てた（キケロ『親族宛書簡』八・七）。ファッレウム共食式結婚《コンファッレアティオ》はフラーメン神官を輩出する大家門の中では存続していた。共買式結婚《コエンプティオ》に関しては稀な事例しか知られていないが、女はこの形式の結婚から生じる法律上の効力をもはや受けなくなり、夫の手権《マヌス》のもとにある女たちも次第に同じ自由に与るようになった（タキトゥス『年代記』四・一六参照）。

同時に、このようにして生み出された核家族はある程度の自立性を得た。新婚夫婦は、自分たち自身の住居か、あるいは少なくとも家父長《パテル・ファミリアス》の邸宅の独立した一部分に住もうとした（プルタルコス「監察官のカトー伝」二四）。氏族は複数の家族から成る複合的なものとなった。

出産もより計画的なものとなった。前二世紀の中頃、コルネリアには十二人の子供がいたのに比べて、次の世紀のテレンティアには二人しかいなかった。女はもはや単なる母ではなかった。女はマトローナ（婦人）[1]よりも大抵はフェミナ（女）、ないしはムリエル、ウクソル（妻）となった。男との、あるいは夫との関係によって定義されるものではあったが、母であることによって決められるものではなくなったのである。

3　洗練されていく婦人たち

女はおそらく自分の見た目によりいっそう気を配ったであろう。オッピウス法に反対する闘争がこうした関心のあったことを明らかにしている。鏡は必須の道具となった。婦人は今や夫の視点のみでなく自分の視点から、自己の姿を眺めるようになった。カプアでも他の所でも、衣服に鮮やかな色彩を与えることのできる染物業者が成長し、白色は葬式用のものになった。香水や宝石その他の製作所も増加した。装身具類はより精緻なものとなった。カエサルは昔の愛人のスルピキアに六〇〇万セステルティウスの真珠を与えたという（スエトニウス「カエサル伝」五〇）。男たちもこうした精巧な物品全般に関してもはや無関心ではなかった。この時から、「見た目の良さを目つきで軽蔑し、匂いや触り心地……を意に介さず、いかなる甘美な調べにも耳を閉ざす男」であることは、悪く思われるようになった（キケロ『カエリウス弁護』四二）。こうした情人たちの小さな肖像画を持ち運ぶようにもなった。たとえばプブリウス・ウェディウスは五人の異なる女性の肖像画を所有していた（キケロ『アッティクス宛書簡』六・一・二五）。男は女の社会的地位のみでなくその個性に注意するようになった。最後には、魅力の力が一般

（1）母（mater）であることを含意。

に認められるようになった。以前はローマ人の女について語るときには誰が一番貞節かが問題だったのが、今では美しさの優劣が問われるのだ。

4　教養ある女たち

いったん結婚すると、女たちは幼児期に受け始めた教育を全うすることになる。グラックス兄弟の母であるコルネリアが本当に文筆をよくしたということはありそうもないとしても、そうした話が彼女に付きまとうという事実自体、それがまんざら奇異な話でもなかったということを示している。ただし、この偉大なる貴婦人が哲学者たちをもてなしたことは確かである。いずれにせよ共和政末期において、上流社会の間では、婦人たちが内容豊かな書簡を取り交わしたことに変わりはない。ラエリアとその娘、孫娘は雄弁すら実践してみせた（キケロ『ブルートゥス』二一〇）。ポンペイウスの五番目にして最後の妻である、また別のコルネリアは文学に熱心で、竪琴を弾く術を心得、幾何学や哲学に精通していたが、プルタルコスが強調しているように、女の身にふさわしく、「口うるさくもなければ鼻にかける風もなかった」（「ポンペイウス伝」五五）。キケロの友人であるカエレッリアは哲学的思索を好み、この偉大なる友人の作品に感嘆していた。彼女はキケロの『善と悪の究極について』を他の誰より先に読めるよう、お抱えの出版人であるアッティクスの雇った職人を買収した。著者が作品の出版を許可するよりも先に彼女は目的を達成したという（キケロ『アッティクス宛書簡』一三・二一）。カトーの娘にしてブルートゥスの妻ポルキアは、ストア哲学の熱烈な信奉者だった。ケリントゥスの恋人スルピキアは詩を書いたようで、現存している。女は詩人のインスピレーションのもとだった。彼女らには修辞学や法の知識もあった。既に見たように、法廷弁論の術を心得ている女性が時折いるくらいだから。

5　不安定な結婚

結婚はその安定性を減じた。三つほど主要な原因が挙げられる。第一に結婚はこれまでと異なる目的に従属するようになった。以前、結婚は何より家門同士を結びつけるのに寄与していたのが、今では政治的な同盟に必要不可欠な要素となり、この動乱の時代にあって政治的な同盟が結ばれたり解消されたりするのと同様に、とりわけ大物たちのもとでは、結婚もまた容易に取り決められたり解消されたりした。

他方で、愛の激情――それからかりそめの恋も――がまかり通るようになった。この時から愛が義務以上の地位を占めるようになった。古い時代にはフォルトゥナやユノほどには崇敬されていなかったウェヌスが、マルスと並んでローマの母という偉大なる女神と化した。最初のウェヌス〔ウェヌス・オブセクエンス〕に対してそうしたように、安心できるような類の姿に変えてから神殿を建立することで、この女神を手なずけ宥める努力が払われた。ウェヌス・ウェルティコルディアである。これはおそらく「(具合の良いように) 心を回す」ウェヌス女神の意であるが、後にはより恐ろしいウェヌスが都に侵入した。こちらのほうは今や少しずつアフロディーテの優美を身に帯びるようになった。エピクロス派の、すなわち無神論者の、ルクレティウスですらこの女神に祈っている。習俗がより寛容になったのだ。

最後に、男も女ももはや苛立ちを隠さなくなった。キケロは、弟のクイントゥスとその妻でアッティクスの妹であるポンポニアとの間で起こったちょっとした夫婦喧嘩について伝えている。「我々が到着すると、クイントゥスはポンポニアに丁寧きわまる言い方でこう言った。『こちらの女たちはおまえのテーブルに案内なさい、私は子供たちを連れてこよう』。その際彼は、口の利き方においても、いや思いやりと顔つきにおいても、これ以上はないというくらいの完璧な穏やかさを向けたと私には思われた。しかし、おそらくスタティウス（これは経理担当の解放奴隷である）が昼食の準備のために先に立ったためであろう、彼女はこう答えた。『私もここでは客なのです』。するとクイントゥスは私にこう言った、『毎日これを我慢しなければならないのですよ』」（『アッティクス宛書簡』五・一）。夫のほうも亭主の優位を守ることにあまり頓着しなくなったようである。大カトーはこう不満を述べている。「もし我々の各々が一家の母に対して自分の権利と権威を保っていたら、女全員を相手にしてもさほど苦労せずにすむものを」（ティトゥス・リウィウス『ローマ建国史』三四・二）。

そのため結婚生活も往々にして非常に波瀾に満ちたものとなった。男は離婚と再婚を躊躇しなくなった。ポンペイウスが特筆すべき例である。彼はまずアンティスティアを娶ったが前八二年に離婚し、次に別の男の子供を身籠っているにもかかわらずアエミリアと結婚し、彼女を前八一年に亡くすと、少し間をおいて前七九年にムキアと結婚したものの、彼女の不品行――とりわけカエサルとの――を理由に前六二年に離縁した次第である。その後、前五九年にポンペイウスは妻にカエサルの娘であるユリアを迎えた。彼女はカエピオと婚約していたにもかかわらずである。彼を宥めるためポンペイウスは彼自身の娘を娶らせたのだが、こちらはこちらで既にスッラの息子であるファウストゥスと婚約させていたのだった（プルタルコス「ポンペイウス伝」四七）。最後には前五二年にコルネリアと結ばれたのであった。キケロの場合は三十三年に及ぶ結婚生活の後、離婚している。カエサルはというと、コッスティアと婚約していたのだが、後に前八四年になってキンナの孫娘であるコルネリアと結婚した。次にルフスの孫娘であるポンペイアを娶ったが、彼女はクロディウスに誘惑された。最後に前五九年、カエサルはカルプルニアを妻に迎えた。オクタウィアヌスにいたっては、別の男の子供を身籠っているリウィアと結婚するために、スクリボニアを見捨てたのである。共和政末期には、自分の妻が奪い取られてもはやほとんど腹を立てないほど、このような行為が習俗の中に入り込んでいたのだった。カエサルは自分の政治的な同盟者を相手に不実をはたらいた。ガビニウスからはロッリアを、クラッススからはテルトゥッラを、ポンペイウスからはムキアを寝取ったのだ。クロディウスはカエサルの妻に下心を持ったが、このことが二人の民衆派《ポプラレス》政治家の政治的協調を妨げることはなかったのである。離婚は縁組した家門間の断交を必ずしも引き起こさなかった。キケロも娘の古い婿であるドラベッラと十分良好な関係を保っていた。男たちは奥方にあまり敬意を払わず、カエサルのように、愛人を増やした。曰く、人によっては愛の情念を満たすために残虐な犯罪にまでいたるほどに、感情の力は強力であった。カティリーナはアウレリアに色目を使うのに邪魔だというので自分の息子を抹殺したという（ウァレリウス・マクシムス『故事著聞集』九・一・九）。

女たちがこうした無秩序に弾みをつけることも時折あった。たとえ小カトーが徳の模範だとしても、その最初の妻のアッティリアは身持ちが悪かった（プルタルコス「ウティカのカトー伝」二四）。同カトーの姉でルクッルスと結婚したセルウィリアは非常に不実であった。執政官経験者レントゥルス・スピンテルの妻メテッラは、悲劇役者の息子やドラベッラにのぼせ上がっていた。ポンペイウスの三番目の妻ムキアは、既に見たように、とりわけカエサルとの付き合いがあった。ポンペイウスが間々ローマ市を留守にしたことは事実である。だが奥方たちはもはや夫の不在を堪えたりしなかったのだ。偉大なるブルートゥスの妹でレピドゥスの妻であるユニアは、プブリウス・ウェディウスと結託して夫を騙した（キケロ『アッティクス宛書簡』六・一）。

年齢と感情にも大きな混乱が見られる。もしカトゥッルスがレスビアと呼んだ女性が本当にクロディウスの姉のクロディアだとすると、詩人である愛人より十歳ほど年長だったことになる。ゲガニアは自分が解放した奴隷のクレシップスに夢中だった（プリニウス『博物誌』三四・六）。ポンペイウスは、カエサルが自分の三番目の妻と結託して自分を欺いたことがあるにもかかわらず、カエサルの婿になることを厭わなかった。ガリアの征服者カエサルも、セルウィリアと関係を持ったことがあるのに、この女の実の娘であるテルティアを抱いたのである（スエトニウス「カエサル伝」五〇）。フルウィアにいたっては、クロディウス、アントニウス、クリオという大物の愛人がいる中で、まずクロディウスの妻となったが、後に、この元護民官の死に際し、クリオと結婚し、この二度の結婚の間もアントニウスとの懇ろな関係をやめることはなく、結局、二番目の夫の死後、最後にはアントニウスに嫁いだほどである。

要は、ローマ市で発見された有名な石碑にあるように（トゥリアの石碑と呼ばれているものだが）、四十年間連れ添って離婚しないでいることは偉業なのである。

6　上流階級の社会生活

女たちの社会的役割は以前より大きくなった。彼女らは夫の邸宅内での庇護民《クリエンテス》の歓待に間々参加している。また饗宴の席にも連なった。一部の階層内ではより気楽な生活を送るようになった。バイアエのような海辺の町に足繁く通い、船遊びや海水浴に興じるといったものだ。『カエリウス弁護』の中でキケロが述べているように、「貞節、これはなかなかお目にかかれないものであるが、我々の風俗の中どころか、我々の著作の中ですら見出しがたい。この古来の厳格さを表明するような作品は今日では時代遅れなのである」（四〇）。

7 資産家の女たち

既に見たように、女たちは嫁資のおかげで裕福になったが、先に述べたとおり、ウォコニウス法に抜け道が見つかったために、遺産によっても裕福になった。テレンティアは明らかに夫のキケロを上回る財産を所有していた（プルタルコス「キケロ伝」八）。無手権婚は夫婦間の財産の分離という事態を引き起こした。女たちは、自分の手によってであれ、夫を無視して友人ないし解放奴隷を介してであれ、自分個人の資産を管理した。たとえばテレンティアは解放奴隷のフィロティムスを代理に立てたのである。ローマ人の男たちは――男にとってこれがどれほど不名誉であったろうか――自分の妻から借金せざるをえない有様だった。テレンティアはキケロに融資した前渡し金の手数料まで天引きした（キケロ『アッティクス宛書簡』一一・二四）。その上キケロは自分の友人で地主でもあったカエレッリアにも融資を頼まなければならなかった。要するに、大勢の女が経済的な自立を得ていた。未亡人はあぶく銭に目のない若い男を（あるいは若くない男でも）誘惑した。栄誉あるウニウィラはもはや稀になってしまった。

女たちは裁判での審理を求めることができた（ウァレリウス・マクシムス『故事著聞集』八・二・三）。トゥリアの石碑は、ある婦人が、夫が不在であるにもかかわらず、両親の殺害者たちをいかに追い詰めたかを伝えている。法律上の束縛は大部分が消滅していた。現にアメシアは自分で弁護して成功した唯一の女性ではない。あるガイア・アフラニアという女性は言いがかり屋の評判まで得ている。女たちは以前なら家庭内裁判に服していたのに、今や法務官はより頻繁に女の関わる事件の調停に乗り出すようになった。

8　市民的・政治的な役割

女たちはますます能動的に都の政治的活動に関与していった。前一四三年に、ある護民官がクラウディウスの凱旋式を妨害しようとしたので、当時ウェスタの巫女であったその姉妹が凱旋式の間彼を守るため随伴するということがあった（スエトニウス「ティベリウス伝」二）。女たちはもはや民会から完全に締め出されてはいなかった。センプロニアは、あるエクイティウスという人物が彼女の弟であるティベリウス・センプロニウス・グラックスの息子であることを認めさせるために、とある政務官の手で民衆の圧力の下、演壇に引き出された――もっとも彼女は勇敢にもこれをはねのけたのだが（ウァレリウス・マクシムス『故事著聞集』三・八・六）。カティリーナの陰謀事件の際も数多くの女たちが積極的に動き回った。事件の主犯カティリーナの妻アウレリア、カティリーナの女共犯者センプロニア、陰謀を密告したフルウィア等である。クロディアは弟のクロディウスを支持し、彼とともにひどい陰謀に関与した。テレンティアは夫の政策において大きな役割を果たした。夫が自分の財産を管理するのは妨げるのに、彼女はこの大物政治家の仕事に口を出すのを躊躇わなかったのである（プルタルコス「キケロ伝」二〇）。

前四四年三月十五日の後、キケロが僭主［カエサル］殺害者のブルートゥスにアンティウムの屋敷へ会いにきたとき、ブルートゥスの母セルウィリア、妹テルトゥッラ、妻ポルキアはこの会談に立ち会ったし、セルウィリアはこの大弁論家の話をさえぎることを躊躇わなかった。彼女は元老院決議を自分の息子に有利なように調整させるのに十分な力を握っていたようである（キケロ『アッティクス宛書簡』一五・一一）。卑賤といってよい家柄の出であるフルウィアは、二番目の夫であるクリオに元老院陣営を見捨てるようおそらく仕向けており、後には三番目の夫であるアントニウスの政治に頻繁に口出ししている（プルタルコス「アントニウス伝」一〇）。アントニウスが自分に従わなかった軍団兵を処罰することを決めた際、彼女はデキマティオ執行(2)に立ち会っている。諸属州、諸王国を競売にかけることもしている（キケロ『フィリッピカ』三・四、五・一一）。キケロの首がロストラ演壇に曝されていることを知ると、フルウィアはこの光景を満喫するためフォルムに駆けつけ、『フィリッピカ』で自分を批判したのはこの舌かと、その舌に針を刺したという。オクタウィアヌスがイタリアを手中に収めると、彼女はペルシアの戦いを引き起こし、その際、軍隊の長そのままのふるまいをした。プルタルコスによると、フルウィアは「支配者を支配し、指揮者を指揮し」たがる女であり、勇猛で知られるアントニウスを女には従順な男に変えてしまったという――おかげでクレオパトラには儲け物だったが（「アントニウス伝」一〇）。三頭政治家たちが婦人たちに重い負担となる重税を設けたとき、大弁論家ホルテンシウスの娘であるホルテンシアは前四三年、彼らの前に訴え出て減税という成果を獲得した（ウァレリウス・マクシムス『故事著聞集』八・三・三）。

確かに女たちの行動は男を仲介したものが多いのだが、それでも以前と比べると何という大胆さだろう。今や、男を称賛するのと同じように女も称賛するようになっていることは示唆的である。カトゥルスは、前一〇〇年ごろ、自分の母親に頌辞を捧げた最初の例である（キケロ『弁論家について』二・四四）。前六八年にカエサルは叔母と妻のコルネリアに頌辞を捧げている（スエトニウス「カエサル伝」六）。女に捧げる像まで建てられるようになった。

今や文献資料の中では、家族の構成員の間で、妻が男の子供よりも優位を占めるのが一般的になったことは特筆に値する。

9　古来の気風と地位の存続

これはかつての気風が完全に消滅したということなのだろうか。そうではない。これまで引いてきた女性解放の事例はある特定の階級に属するものである。私たちに特によく知られているのはこの階級の気風であり、また最も波瀾に満ちた生涯である。より卑賤で倹しい家庭の中では伝統が存続していた可能性はかなり高い。少女たちは常にルクレティアやウェルギニアを敬慕する雰囲気の中で育てられた。早期の結婚は常に見られたし、大家門においてすらそうであった。カルプルニアはまだ十六歳であった

（2）兵士に籤を引かせて、十人に一人を処刑させる罰。

ときにカエサルに嫁いでいる。

名門の家では娘の独身は常にきわめて稀であった。たとえ娘たちにも将来の夫について意見を求めることがしばしばあったとしても、彼女らは家門間の交換の対象のように、未成年者として扱われるままであった。それに最も上流の貴族の息女が最も良い扱いを受けたわけでもなかった。彼女たちは政治的な結びつきを強化するために役立てられたからである。

一般的にいって、血筋を後世に伝えることは常に考慮に入れられていた。トゥリアの石碑においては、子供を授かることができなかった妻が夫に新しい妻を娶るよう申し出ている。もしこの女性がそのようにふるまったとなると、それは、氏族の安泰がやはり第一の関心事のままであったことを意味する。結婚が最も不安定であったのは最も著名な家門である。平凡な元老院議員はほとんど離婚しなかった。

多くの婦人たちは往事の慎みを保っていた。先に触れた石碑に出てくる婦人が称えられるのは、彼女の身なりが控えめなものでありその装身具も注目を集めなかったからである。女のイメージが大きく変化したとはいいがたい。流行は依然として変化していなかった。ガイウス・スルピキウス・ガッルスは自分の顔を見せたという理由で妻を一方的に離縁することができたが、このことは結婚した妻はまだ普通は顔を隠していたことを示している（ウァレリウス・マクシムス『故事著聞集』六・三・一〇）。

妻はいつも家の管理を引き受けていた。テレンティアでさえ、離婚から間もない前四七年、家庭内の仕事に精を出している（キケロ『友人宛書簡』一四・二〇）。父も夫も結婚や出産に関しては相変わらず無関心なままであった。キケロも、あんなに可愛がっていた娘のトゥッリアがこうしたことで不幸に遭うのを前にしても、無関心だったようである。

婦人たちは男としての務めに備えさせるべく息子を厳しく育てた。母は子供たちのことを非常に誇り、子供たちも母を愛し尊敬した。ある日コルネリアは、仰々しく着飾ったカンパニア人の女性の訪問を受けたが、この女は自分の宝石の美しさを自慢した。コルネリアは黙っていたが、子供たちが学校から帰ってくると、彼女は来客にこう言い放った、「私にとってはこの子たちが宝石です」（ウァレリウス・マクシムス『故事著聞集』四・四）。プルタルコスの伝えるセルトリウスの逸話は、子供が自分の母親に対して抱く愛情の強さをよく示している（「セルトリウス伝」二二）。「この将軍がローマへの帰還を願う主な理由の一つは、自分を育ててくれた母親に対して抱く愛情であった。彼は父なし子であったからだ。彼は母親に強い愛情を注いでいた。だから、母親が他界したことを知ったとき、彼は後悔の念で危うく死にかけるほど大きな悲嘆に陥った。彼は丸七日間泣きながら地面に伏せったままで、兵士たちに合言葉を伝えることもせず、友人を会いに来させもしなかった」。

中には日陰の存在にとどまる女もいた。アッティクスが歳を取ってから娶ったピリアは自分について語らせようとは決してしなかった。以前と同様、女の誓約は公的効力を持たなかった。女たちが葬式の場や墓碑の銘の中で自分の家族を称賛することはなかった。自分の意思を表明するのは男たちだった。

女は、かなりの程度解放され外見上独立しているように見えても、やはりその夫ないし父親によって自己を定義されることが往々にしてあった。ポルキアは自分はカトーの娘にしてブルートゥスの妻であると名乗ったのだ。

また、少なくともこの章で扱う時代の初めごろは、家族によって決定される類の女性に対する処罰というものがまだあった。たとえば、前一五三年に自分の夫を毒殺した妻たちは、その親の手で絞殺された（ウァレリウス・マクシムス『故事著聞集』六・三・八）。タキトゥスもまた、かなり後の時代のことになるが、家庭内裁判について言及することになる（『年代記』一三・三二）。

立派な愛情の事例を引くこともできる。ユリアは死の危険を冒してもポンペイウスを愛した。プルタルコスによると、ある日、乱闘のあったとき、ポンペイウスの着ていたトガが敵対者の一人の血で汚れた。彼は自宅に新しいトガを求めに人をやった。妊娠していたユリアは血のついた夫の服を眼にした。彼女は夫に不幸が訪れたものと思い気絶したが、あまりの衝撃に流産してしまったという（「ポンペイウス伝」五三）。カトーの娘ポルキアは、夫のブルートゥスの死を知ると、熱い炭を飲み込んで自殺した（ウァレリウス・マクシムス『故事著聞集』四・六・五）。前四三年の有罪告示の時には、多くの女が並外れたやり方で自己を犠牲にした。レントゥルスが追放されたとき、その妻は慣習に反して同行することを望んだ（ウァレリウス・マクシムス、同、六・七・三）。カルプルニアという女は伴侶とともに死んだ（ウェッレイウス・パテルクルス『ローマ史』二・二六）。生まれつつあったストア主義は幾人かの女性から非妥協的な一徹さをもって受け入れられたが、その影響力の大きさはおそらくこうした高貴な態度と無関係ではない。英雄的な行為は女性のものとなった。ポルキアは自分の腿を突き刺したが、それは政治情勢が悪化した場合に自分が苦痛に耐え、その身を剣に委ねることができるかどうか試すためだった(プルタルコス「ブルートゥス伝」一三)。彼女はブルートゥスに、寝床と食卓を共有するだけでなく、「幸運同様不幸をも夫と共にすること」を願うと言ったという。

この時期に関しては、墓碑に夫婦が描かれている例がいくつかある。それは裕福な家庭に限られているが、それでも第一級の家門というわけではない。こうした彫刻自体ローマでは新奇なものだった。妻が夫の隣に描かれているのだから、妻が世に認められた役割を得るにまでいたったことをこうした彫刻は示唆している。しかしこうした女性の像において印象的なのは、やや物憂げな様子を湛えた威厳を感じさせるという点であり、それは上流社会の一部の婦人方の非常に陽気な生活風景とは対照的である。もしかして、この時代の平均的な婦人の姿としてはこちらのほうが真実に近いのだろうか。その姿は、妻が新しい権威を得たことと同時に、いくつかの伝統的な特徴がそのまま残っていたことをも示している。

10 娼婦と遊女

もし先行する時代において売春業の発達を招いたのが婦人たちの貞節さだったとすると、今や娼婦の数を増加させたのはむしろ結婚の不安定さと古来の気風からの解放であった。両性愛や事実上の一夫多妻制まで間々見られるほどだった。このような交際関係は完全に許容されていた。プラウトゥスは登場人物の一人にこう語らせている。「人妻、未亡人、若い娘……にさえ手を出さなければ誰でも気に入った者をどうぞ」（『クルクリオ』三七〜八）。キケロはこうした類の情事が特に若者たちの間に見られることを認めている。彼は裁判の最中に「若者の恋情の熱」は大目に見るべきだと述べている（『カエリウス弁護』四八）。ローマの婦人たち自身もどうやらこうした現状をさしたる困難もなく我慢していたようである。テルティア・アエミリアは夫スキピオが死んだときに、その妾に自由を与えさえした（ウァレリウス・マクシムス『故事著聞集』六・七・一）。フルウィアは、本人が不義のやりとりに通じていたが、愛する夫アントニウスが愛人のキュテリスに会いにいっても怒らなかった。

慰みの娘、娼婦、遊女、ありとあらゆる種類の売春婦をローマは目にしてきた。とりわけ彼女らの調達源であったのが奴隷と解放奴隷である。最も下級の娼婦たちは、保護者である女衒《レノ》の手から自分たちを解放し自由にしてくれるような若い男を見つけて、自分で身を立てることを望んでいた。大物の娼婦たちは踊り子、楽器演奏者、黙劇役者などでもあった。彼女らはもはや往事のトガを身に着けていなかった。プラウトゥスは『エピディクス』において彼女らの服装の多様性を面白がって描いている。「このとおり、透けて見えるトゥニカ、分厚いトゥニカ、縁飾りのついたリノン、シュミゼット、刺繍つきのドレス、黄色いキンセンカ色にサフラン色のドレス、下着でも薄いのに分厚いの、細帯、王族のような服もあれば、異国風の服もある」〔二三〇以下〕。中には裕福な地位を手に入れた者もいる。ティトゥス・リウィウスは、ある遊女が、後見人の仲介を介してだが、自分の惚れた若いローマ人の男に財産を遺贈できたという事例を引いている（『ローマ建国史』三九・九）。時折、幾人かの遊女は上流社会にまで進出している。キケロ自身も他の者たちと交ざって、アントニウスが公然と連れ歩いて憚らなかった黙劇女優のキュテリスと一緒に宴会に出席している（『友人宛書簡』九・二六）。ローマ人の男たちはこうした女たちを互いにやり取りした。たとえばポンペイウスはフローラをゲミニウスに譲った。今や遊女たちも自分用の神々を持つにいたった。彼女らはエリュクス山に起源を持つシチリア島由来のウェヌス女神、ウェヌス・エリュキナを拝んだが、この女神の女祭司たちは自ら春を売る。ブドウを称えるものであるウィナリア祭の間、彼女らはウェヌスに捧げ物をし、女神フローラの祝祭の際には踊りながら服を脱ぐ。

11　ふしだらな女たち

しかし、大抵は未亡人になるか離婚をしてからだが、浮気性になる上流階級の女性たちもいた。男たちが遊女のもとへ通うというのなら、女たちも男どもを誘惑するのである。プルタルコス曰く、こうした女たちは、公然と自分の体を売りに出す女たちと同じくらい「誠実さ」に欠ける（「ルクッルス伝」六）。たとえばクロディアは、前五九年に夫であるプロコンスルを毒殺したというが、その後、カトゥッルスからエグナティウスへ、エグナティウスからラウィドゥスへ、ラウィドゥスからカエリウスへ、カエリウスからクイントゥスへ、クイントゥスからゲッリウスへと、次々に乗り換えた。

　詩人たちが私たちに語っているのもこうした女性たちについてである。カトゥッルスはレスビアを、ティブッルスはデリアを、プロペルティウスはキュンティアを称え、帝政初期にはオウィディウスが『恋の歌』においてコリンナを称え、『愛の技法』ではあらゆる美人たちを称賛した。センプロニアやプレキアといった女性たちのことも思い出される。彼女らの言葉は輝かしいものである。中には洗練された教育すら受けている女性もいる。カティリーナの共犯者であるセンプロニアはサッルスティウスによって以下のように描写されている。「ギリシア・ラテンの文学に等しく通じていた彼女は、キタラを弾き、踊りの腕はまっとうな女性のたしなみの域を超えていた……。彼女は詩を繰り、気の利いた冗談を飛ばす術を心得ていた」(『カティリーナの陰謀』二五)。クロディアに関していうと、「彼女はわざと誰とでも夕食をとった……。その足取り、身なり、連れ衆、火のような目つき、それのみでなく、発言の奔放さ、その抱擁、口づけ、海水浴、小船での遊覧、夜食会、それらすべてがふしだらで扇情的で魅惑的な女の姿を暴きだしていた……」(キケロ『カエリウス弁護』四九)。彼女は「世のすべての男どもの愛人」であり、毎日テヴェレ川の岸辺にある自分の庭園にやって来ては、水浴びに来ている若者たちの中から自分の相手を選び出すのである……(同、三二、三六)。

　こうした女たちには際立った魅惑の力があった。彼女たちは様々な色の衣服をまとい、髪の結い方も多様だった。遊女ですら従わざるをえなかったかつての単調さはどこに行ったのだろうか。オウィディ

後1世紀半ばのものとされるこの女性の胸像は、共和政末期にローマの新しい女たちが示したエネルギーをよく表わしている。
出典：*Chefs-d'œuvre de l'art romain*, Edition Sequoïa, Bruxelles © 1965 pour l'édition française. (Parution 1964.)

ウスはこう指摘している。「髪型の種類を数えられないのと同様……、枝の多い樫の木の実の数を数えることもできない」。どの女も自分の顔つきに合った髪の整え方を選ぶ。詩人はこう述べている。「面長の顔立ちには分け目をつけた、飾りのない髪が必要だ……。丸い顔には、耳を見せるための小さな結び目を額のてっぺんに残さないと。ある女は髪を肩の上になびかせる……。ある女は鼈甲の櫛で頭髪を飾ることを好み……、別の女は波のようなうねりを髪につけることを好む」（『愛の技法』三・一三七以下）。

彼女らは絶妙に調合されたクリームを使って、ローマ人の男の誰もが好む真っ白な顔を追求した。そのクリームの調合には相当な時間を費やした。オウィディウスは顔色を明るくするための秘訣を私たちに伝授してくれているが、このクリームの調合にどんな手間隙が費やされるのかについて詳細に説明している。「リビアの農民が船で送ってきた大麦を手に取る。その藁ともみがらを取り除く。同量のエンドウを十個ほどの卵で溶いて加える。もみがらを取り除いた大麦の重さは二リブラ〔約六五〇グラム〕になるように。この調合物を風に当てて乾燥させたら、これを動きののろい雌ロバに引かせたきめの粗い石臼ですりつぶさせ、その年の初めに抜け落ちた生きのいい雄ジカの角もすりつぶす。これを六分の一リブラ〔約五五グラム〕加え、きめの細かい小麦粉の中で全部を混ぜたら、直ちに網目の細かい篩にかける。皮をむいたスイセンの球根十二個を清潔な大理石のすり鉢の中に入れ手に力をこめてすりつぶしてから加え、次にトスカーナ小麦の粉を加えた二オンス〔約五五グラム〕のゴムと混ぜ、このすべてに同量の蜂蜜を九回加える……」（『美顔法』五三以下）。こうしたふしだらな女たちは、控えめなサイズの乳房が当時もてはやされていたので、自分の胸を締めつけた。香水はマヨラナ、バラ、サフランを使い、真珠、エメラルド、縞瑪瑙で身を飾った。

彼女らは色恋の手練手管というものによく通じていた。カティリーナの情婦センプロニアは「ある時は控えめに、ある時は柔らかく、あるいは挑発的に言葉を操る術を心得ていた……。彼女には魅力と同じくらいの機知が備わっていた」（サッルスティウス『カティリーナの陰謀』二五）。オウィディウスが、共和政終焉の数年後に、世に知られた『愛の技法』を書いたのも偶然ではない。こうした不埒な女たちが見つけ出した恐るべき武器に多くを付け足す必要はなかった。彼の教訓は、本人が認めているように、実体験から広く得たものであり、なかでもとりわけ次のように助言をするときがそうである。「愛を交わすときは……見目の麗しい女性は仰向けに寝るべきだ。背中に自信のある女が見せるべきは背中である……。あなたの場合は、ほら、恥ずかしがらずに髪を解いて……ゆっくりと振り向きなさい……」。彼はただ、こうした軽薄な女性たちが既に実践している機知に富んだ遊戯そのままを描いているだけなのである（三・七七三以下）。彼女らのもとでは、長きに渡って誠実であることは問題でなかったのは明らかだ。彼女らは遊女同様に愛に群がったのだが、彼女らの場合は行きずりの偽りの愛情を見せても構わなかったのである。

単純化していえば、この時、娼婦や奴隷、解放奴隷を除外すれば、二種類の女性が共存していたといえる。かつての婦人のたしなみをいかほどか保っている女性と、あらゆる誘惑の楽しみを覚えた女性である。一方からもう一方へと移ることで、男たちはもはや似ても似つかぬ世界に踏み入っていった。一方には、少なくともしきたりと慣習の名残と、むしろいかめしい女たち。もう一方にはあらゆるエロティシズムの幻想と、身を飾り、優美に歩き、篭絡しよろしく同衾する術に通じた女たちである。ローマのサロンと路上には、互いに接しつつもまったく異なるまさに二つの世界が存在した。

いうまでもなく、こうした軽薄な女たちも、婦人たち以上とはいわなくとも、それと同じくらい重要な政治的役割を果たした。プルタルコスはプレキアについてこう言っている。「ローマのあらゆる権力は彼女の手の中にあった。なぜなら、民衆の決定はすべてケテグスの意のままであり、ケテグスの決定はすべてプレキアの意のままであるからである」(「ルクッルス伝」六)。確かにこうした非難はおそらく諷刺混じりの論争に由来するところ大であろうが、火のない所に煙は立たないものである。

かくして、劇的な変容を遂げたローマは、新しい時代の到来にあたって、ティブッルスの思い描いたとおり、戦争よりも愛を好むようになり始めていた。ローマ ***Roma*** は回文のアナグラム、愛 ***Amor*** に変貌を遂げたかのようである。

12　奴隷女

帝国の拡大に伴い、市民団に占める女性の割合は奴隷や解放奴隷の女の数に比べるとかなり減少した。娼婦以外の奴隷の女の運命は非常に様々であった。中にはその多産と技量のゆえに非常に重要な役割を果たし始める者もいた。子沢山な女奴隷は家の成員に多くの子供奴隷を供給することができたし、女主人の身支度を上手く手伝うことのできる女中は必然的に特別な地位を得た。ローマ人の男の中には、家の外に娼婦を探しにいく代わりに、家内奴隷の女と寝る者もいた。謹厳実直なカトーですら、独り身になったときとはいえ、ある若い奴隷女を寵愛した。スキピオ・アフリカヌスも、妻がいるにもかかわらず、ご同様だった。だが、思うように使用できる奴隷は他にもいた。解放奴隷の息子であるホラティウスは、『諷刺詩』一・二において露骨に言っている。「欲望がたまったとき、もし自分の自由になる女奴隷や即座に手を付けても構わない小さな少年の召使がいたら、はち切れそうなまま我慢したりするのか」。

13　解放奴隷の女

だがこの頃から奴隷よりも解放奴隷の女のほうが多くなった。解放奴隷の女の立場は、娼婦として身を立てたのでない場合は、曖昧であった。奴隷の女が一人だけで解放に与ることは稀であった。奴隷の女は男の奴隷仲間とともに解放されることが多かったし、あるいは解放奴隷の妻か娘であるからという理由で解放奴隷と呼ばれたりもした。したがって、こうした女たちの地位は男の解放奴隷の地位に結びついていた。彼女らは確かに自由の身かもしれないが、それでもまだ元奴隷主の庇護下に置かれているため、その地位は込み入ったものになる。ポンペイウスは自分の解放奴隷のデメトリウスの妻を愛人にした（プルタルコス「ポンペイウス伝」二）。全体的にいって、この解放奴隷たちの世界は主人たちの世界を模倣したものになる傾向があった。身分の高い人物の解放奴隷は同じく上流階級の人の手で自由になった解放奴隷の女を娶るというように。解放奴隷の女の中でも最も倹しい者たちは自分の職業を持っていることが普通だった。彼女らは助産婦や乳母などを務めており、当然、彼女らの生活には婦人《マトローナ》の生活とは何も共通するところがなかった。

14　両性間の関係に関する新しい見解

確かに、愛と誠実とが結びつくようになったために、立派な結婚が、おそらくこれまでのローマで見られた中でも最も美しい結婚が、なされるようになった。たとえばユリアやポンペイウスの示した愛や、既に言及したトゥリアの石碑に出てくる婦人の例である。この婦人に夫が捧げる称賛の言葉は大いなる愛の叫びである。「我が人生の平安はお前を失うと同時に失われた」。妻の死を知るや自分の身を刺し貫いたプラウティウスの愛も劣らず崇高である。傷口には無理やり包帯を当てていたのに、プラウティウスは死ぬために包帯を引きちぎったという（ウァレリウス・マクシムス『故事著聞集』四・六・二）。まるで、古来の規範からこうして断絶していく中で、本物の夫婦愛が生まれ、かつての義務としての愛に取って代わったかのように、事は運んでいる。しかしすべての結婚が同じように幸福だったのではない。幸福な結婚が人目を引くのは、それが稀なものだったからである。男たちはある種の危機を体験していたのであり、それはほとんどなるべくしてなったようなものだった。両性間の関係が長い時間をかけてしっかりと定着した後では、社会と家庭における大激動はただ男たちに疑問を生み出すばかりだった。

彼らは自分の妻について考える術も持たなかった。たとえば、弁論家のキケロは自分が追放されている間に妻が示した威厳に対して称賛を惜しまなかったが、その後には彼女の猛烈な金銭欲にかなり腹を立てている。だがこの二つの顔はおそらくどちらも本当の彼女であり、テレンティアは、気が向いたときには愛情深いこともある、強い女であるが、自分の利益には非常に執着していた。新しい社会構造の中では、こうした強欲は容易に顔を出すのである。

大部分の男たちは、弱き性は不安定なものという伝統的な評価をこうした矛盾は裏づけているのだと見て、自らの不幸を忍耐をもって受け止めた。ウァッロは『メニッポス風諷刺詩』においてこう助言している。「女に欠点があるなら、それを取り除くか我慢するかしなければならない。もし取り除くなら女はより感じが良くなるし、もし我慢するなら我慢するほうの人が良くなる……」。監察官のメテッルス・マケドニクスは前一三一年の弁論でこう指摘している。「もし私たちに妻なしで生きることができたら、この面倒の種から解放されるだろう。しかし、妻とともに何の厄介もなく生きることも、まったく妻抜きで生きることもできないよう、あらゆる世代の人に対して自然が定めたのであるから、長続きしない快楽よりもむしろ安寧と将来のことを考慮するべきである」。

他に、六十歳でプブリリアという若い娘と連れ添ったキケロの失敗した試みが示すように、より若く反りの合う女を見つけ出すために離婚した男もいる。高い身分のローマ人の中には、嫁資を持たない、その分気難しくない女を嫁にする者もいたし、その上解放奴隷を妻に娶る者もいた。執政官を兄弟に持つゲッリウスがそうした例である（キケロ『セスティウス弁護』一一〇）。

奇妙なことに、詩人たちは失われた誠実さを軽薄な女たちとともに探し出しているつもりなのである。あたかも昔の婦人たちの一途さと肉欲の両方に巡り合うことを欲しているかのように。エレゲイア詩人たちが大なり小なり内心秘かに願っているのはこれである。だが彼らの探求は往々にして期待はずれに終わる。カトゥッルスは、女たちの誓いは「風か流水の上に書かれたもの」と、嘆じている（『カルミナ』七〇・四）。この二者の困難な統合の実現を望んだのは恋愛詩人たちだけではない。キケロはアントニウスに関する驚くべき逸話を伝えている。ある日、共和派との戦いの真っ最中に、アントニウスはローマに残してきた妻のフルウィアに会いにいきたいという衝動を抑えられず、顔を隠して一伝令使のように成りすますことを思いついた。妻のもとへ通されると、彼は今しがた書いたばかりの手紙を妻に渡した。非常に気持ちのこもった手紙で、自分は変わらず妻に誠実であること、特にこれまでせっせと足繁く通った例の遊女のキュテリスにもう会いにいったりはしないことを誓うという内容だった。フルウィアは感激のあまり涙を流した。そこでアントニウスは正体を明かし、妻を夢中で抱きしめたという（『フィリッピカ』二・七七）。もっともこの弁論家はこの話の中に多くの批判材料を見出しているわけだが。

夫の率直さの欠如、正体を偽るなどローマの政務官にふさわしくない、などである。だが実際には、アントニウスが正体を隠したのはフルウィアの本当の感情を知るためであり、こうした本心の検査には、古い時代のローマ人なら微苦笑を禁じえないであろう。

哲学者たちはこの新しい状況をどう考えていたのだろう。この主題を扱った資料はほとんど伝わっていない。『義務について』という論考においてもキケロは女の義務——あるいは権利——については一度も言及しない。だが『国家について』第四巻の一節を想起しておこう。キケロは、プラトンのように妻や子供を分かち合えると考えることには憤慨を示しつつ、伝統的な結婚、すなわち一夫一婦制の結婚の擁護に専念している。しかも、彼はもはや存在意義を持たない氏族間の結婚を維持する必要性からこの制度を擁護しているのではなく、血筋を明らかにし、家と親族を維持し、愛を生み出すにはこれが唯一の手段であると考えているのである。結婚こそ、組織的な人間の社会と、生き物がでたらめに交わる動物的な集合体との間の根本的相違点だと彼には思われたのである。その結論がまさに伝統主義者のそれだとしても、理由は変化してしまっている。結婚は構造を備えた社会の必要性によって正当化されるのである。愛が不在ではないということにもすぐに気が付くであろう。それどころか愛はまさに結婚によって生まれるのである。しかし、ローマ人の男たちが問題の深刻さを自覚していたようには見受けられない。彼らは結婚の新しい諸形式や不貞などを非難してはいないのである。彼らの考察が皮相的な性格のものであることは、社会そのものについて熟考し己の内を顧みることが、この社会の誰にとってもいかに困難であったかを示している。

したがって、奴隷や解放奴隷の女の少々特異な事例を脇に置けば、共和政最後の二世紀間にローマの女たちが解放されたということに議論の余地はないけれども、ばらばらなやり方をとったのだ。自由になったのはとりわけ高い身分の婦人たちや情事に耽った女たちである。こういったローマの女たちは新しい権威を身に帯びた。彼女らは数多くの分野で男たちと並ぶレベルにまで登り詰めた。キケロは息子より娘のほうを愛したし、小カトーは、ホルテンシウスがホルテンシアを誇りにしえたように、ポルキアを誇りにした。軽薄な女たちの世界では、女は、最大限の敬意ではなくても、最大限の自由を手に入れた。だがそれでも舞台の前景に出てくるのはほとんど常に男である。キケロが『法律について』という作品の中で生まれ故郷であるアルピヌムを想起するとき、女性や母親に関する甘美な記憶で称えてもよさそうなものを、彼が自然と思い浮かべるのは弟や父親や祖父のことなのである（二・一）。だから、女性名詞である故郷《パトリア》も父祖《パテル》らの地のままなのである(3)。こうした矛盾を前にして、ローマの女もローマの夫婦も均衡を追求するようになったのだという感がある。

（3）故郷（patria）も父（pater）という男性名詞に由来。

第三章　帝政期──女性の解放と新たな均衡

I　アウグストゥスによる諸立法

初代皇帝アウグストゥスは、家庭の中に──とりわけ最も由緒ある家門の中に──降って湧いた諸々の変化が結果として生み出した好ましからざる影響に終止符を打とうと欲した。現に家族の結びつきはばらばらになり、既に内乱によって多くの人口を失っていたこの都における出生率の低下も危険水準に達していた。それゆえに、この時になっても伝統によって支配されていた領域における並外れた新機軸ということになるが、この第一人者は家庭に関わる政策を実行に移した。前一八年、結婚は家父長制的な社会構造の維持と何より自分たち自身の階級の存続のために必要であることを忘れてしまっているように思われた元老院議員たちの家の威厳を取り戻させるため、元老院議員（ないしその子孫）と解放奴隷ないし喜劇役者の間での結婚はもはや「正当な」婚姻とはみなされないという法令を出した。しかし、それ以外の自由人と解放奴隷の結婚は、元所有主《パトロヌス》の同意がある場合に限り、許可している。また、二十五歳の時点で独身である者と子供のいない者には遺産の相続を禁じた。少なくとも三人の子を持つ父親には特権を与えた。同様に、同じ条件を満たしている母親はもはや後見人の庇護に縛られることはない。少なくとも四人の子供を持つ解放奴隷の女もまったく同じである。

妻たちが離婚によって罰を免れる術を持っている以上、夫も姦通を罰しようとはもはや考えないので、アウグストゥスは姦通事件を審理するための常設の訴訟手続を設け、男女問わず上流階級の有罪者に罰として追放刑と財産の大部分の没収を定めた。それ以外の人間に対しては、体刑を科すよう手配した（ディオ『ローマ史』五四・一六、スエトニウス「アウグストゥス伝」三四）。かくして私的な領域における犯罪である姦通は公的な犯罪となった。有罪とされた女の父親は――というのも、その時点で権能《ポテスタス》を有するのは父親になるので――娘を告訴しなければならなかった。

その上、無手権婚《シネ・マヌ》の場合でも嫁資は夫によって管理されるままであったのだが、アウグストゥスは、嫁資を返還しなければならないとなると夫は妻と別れることを躊躇うだろうと考え、夫たちに離婚の場合にはこの返還を義務づけた。さらに、妻に貞節を促すため、離婚の原因が妻に帰される場合には、返還される嫁資に罰金が科されると規定した。

もちろんこうした諸立法は、結婚を強固なものにし、不釣合いな結婚から元老院階級を守り、出生率を高めることを狙ったものだった。だがこうした法は女性の地位の変化を考慮に入れていた。三人の子供を持つ母親も同様に特権に与れたのだし、嫁資についても、離別の場合、妻は自分の財産の全部ないし一部を取り戻せたのだから。夫に対しイタリアにある不動産の譲渡を禁じて念を入れている以上、財産は守られていたわけである。

Ⅱ　ユリウス・クラウディウス朝期の解放された女たちとその他

こういった立法は結局のところ穏便なものであったのだが――これらは離婚に最大限の余地を残すものであったし、とりわけ上流階級に関わるものであった――、それでも公布したときには反発を引き起こし（プロペルティウス『詩集』二・七、スエトニウス「アウグストゥス伝」三四、ディオ『ローマ史』五六・一）、アウグストゥス本人がそれを遵守しなかったため、後にはほとんど効力を持たなくなった。彼はよく家族の女たちに羊毛を紡がせたが（スエトニウス「アウグストゥス伝」七三）、友人のマエケナスの妻の情人であったといわれており（ディオ『ローマ史』五四・一九）、自分の相手をする若い娘を妻のリウィアに探させたという。おかげでリウィアとアウグストゥスの間には子ができなかった（スエトニウス「アウグストゥス伝」六九）。そういうわけでティベリウスはこの法令を修正せざるをえなかったし、共和政末期に始まる女性の解放は大きく進展していった。たとえ、王政・共和政期を扱うティトゥス・リウィウスの作品が女性をほとんど無視しているとしても、帝政期の歴史家であるタキトゥス、スエトニウス、ディオの作品では女性を取り上げない章はごくわずかである。とはいえ、こうした作家たちの大部分は――マルティアリスやユウェナリス等もそこに加えるべきだろうが――ユリウス・クラウディウス朝の時代が過ぎ去ってから作品を執筆していることに注意しておかなければならない。つまり彼らは、フラウィウス朝やアントニヌス朝といった新しい王朝に都合の良いように、その前の時代にはひどく陰鬱なイメージを仕立て上げたのである。そのため、彼らが女たちに帰し、犯罪的であると――もっぱら男中心の見方で――判断しているふるまいの各々が真実であるのかと、疑義を呈することはさして難しくない。だがそうはいっても、どの話も同じような趣旨であるからには、彼らが女性に対して認める全般的な変化自体を疑問に付すことはできない。

1　重要な政治的役割

皇帝家の女たちは、共和政末期に名門の婦人たちが獲得していた役割をさらに増大させた。新体制においては皇帝権力をいかにして継承するのかという点に関して規定が存在しなかったのだが――劇的な闘争の源はここにあった――、カエサル一門の血は大きな威信を保っていた。ところが往々にして、皇妃たちの夫がユリウス家の血を引いていないかまたは血縁が遠いのに対して、皇妃たちのほうがユリウス家の血を色濃く継いでいたのである。高貴な血を引いているのはユリアであって夫のティベリウスではなかった。アグリッピナはアウグストゥスの直系であるが、クラウディウスはその点かなり遠い親戚であった。この世代においては今や母親の重要性が認識されるようになったため——父親同様、母親の血筋によっても高貴であるとみなされていた（タキトゥス『同時代史』一・一四参照）——、とにかく皇妃たちもその夫と同程度に権力の分け前を要求する資格を持つようになった。

皇妃自身やその息子が皇統に属さない場合（リウィアとティベリウスのように）、彼女らは自分の産んだ子を権力の座に就けるためあらゆる手段を講じた。

その上、皇妃たちはその父親や息子の持つほとんど神的といってよい性質を分かち持っていた。彼女らはこの点にきわめて強い誇りを抱いていたが、アグリッピナの場合のように、女たちの自尊心の強さで知られるクラウディウス一門の血がここに加わったときにはとりわけそうであった。他方で彼女らは、クレオパトラや、ブリタニアの勇猛な女将軍ボウディッカのような異国の女たちが男のようにふるまうのを目にしていた。タキトゥスによると、ボウディッカは次のような雄々しい言葉を発したという。「戦いで勝つか死ぬか、これが女たる私に定められた運命である。男たちは生きて奴隷になるなり好きにするがよい」（『年代記』一四・三五）。

自分の息子を帝位に就けるのに最も積極的だったのはリウィアとアグリッピナである。リウィアはアウグストゥスに嫁いだ。彼女はじきに皇帝の娘ユリアと対立し、まずはルキウスとガイウス、次いでアグリッパ・ポストゥムスと、ユリアとアグリッパの間に生まれた三人の息子を、おそらく始末させた。自分の息子のティベリウスが自由にふるまえるようにするためである（同、一・三、六）。後に曾孫のカリグラが「女の格好をしたオデュッセウス」と呼ぶことになるこの女は（スエトニウス「カリグラ伝」二三）、ティベリウスが慎重にも隠遁していたロドス島から戻ってくるまで、アウグストゥスの死を隠していた[1]（タキトゥス『年代記』一・四、五）。つまり自分の息子を帝位に就けたことで、彼女はユリウス氏族よりクラウディウス氏族を優位に立たせたのである。皇帝位の最初の継承という、重要でまさに決定的な瞬間において、事態を取り仕切ったのは女だった。

アグリッピナの場合はというと、叔父である皇帝クラウディウスから寵愛を受け、后の座におさまると、夫を完全に支配した。おそらく、彼女はクラウディウスの息子であるブリタンニクスを日陰に追いやった上で、夫を毒殺し、最初の夫であるドミティウス・アヘノバルブスとの間に授かった子であるネロを後継者として押し出したのであろう（同、一二・六九）。

ポッパエアはつれない態度と気のある風を交互に装うという、巧みな駆け引きによってネロを誘惑した。彼女はネロを母殺しに駆り立ててアグリッピナを取り除くことに成功し、また、自分の子を帝位に就けたいと思っていたため、ネロの妻であるオクタウィアを追い落とした（同、一四・六〇）。アグリッピナとポッパエアの場合、権力闘争はもっぱら女たちだけの間で争われたのである。何という新奇な現象がローマで起こったことか。

だが皇妃たちは時折、息子や夫に対する際立った影響力を発揮して、復讐や気まぐれといった、取るに足りない動機から行動を起こす。クラウディウスの妻メッサリナは、権勢あるアシアティクスの断罪に一役買い（同、一一・二）、あるシリウスという男と公然と結婚してなお、それをクラウディウスがすぐに大目に見る気になるほどの影響力を同帝に対して振るっていたと伝えられている。アグリッピナはロッリア、カルプルニア、シラヌスといった数多くのライバルを追い落とした（同、一二・二二、一三・一）。カルプルニアにいたってはクラウディウスがたまたま彼女の美しさを称えたという理由で断罪されたのである。こういった皇妃たちはトラブルの元であり、元首の家の内部に派閥を生み出した（同、四・四〇）。女たちの仲たがいが歴史を作ったのである。たとえばシラナとアグリッピナの事例のように（同、一三・一九）。自らの目的を遂げるために、彼女たちはありとあらゆる手段を用いた。呪詛行為に耽ったと言い張ってライバルを告発したこともあるし、自分が皇帝になるという予言を期待して彼らは占星術師を頼ったと言ったりもした。姦通その他の罪で告発しもした（同、四・七一、一四・六二）。彼女らは往々にして宮廷の解放奴隷にそそのかされてこうした術策に走ったのではと指摘するのはもっともであるが、自ら進んでそうした挙に出たということも十分ありうるのである（スエトニウス「クラウディウス伝」二九）。

男たちは彼女らを通して身の安全や出世を求めたのである——昔かたぎなローマ人の男なら、何たる

（1）ティベリウスは後二年にロドス島からローマに帰還しているので、おそらく誤り。またアウグストゥスの死後戻ってきたのも、ロドス島ではなく、任地のイリュリクムから。

堕落かと、言ったことだろう。危機に瀕していたある男が、新しい皇帝の母であるリウィアによって救われている（タキトゥス『年代記』一・一三）。セイヤヌスは帝位を狙うのに役立つと考えて、ティベリウスの息子ドゥルススの妻である小リウィアを誘惑した（同、四・三）。同じ目的からマクロは自分の妻のエンニアをカリグラに言い寄らせた（同、六・四五）。オトーは自分の妻のポッパエアをネロに言い寄らせたが、タキトゥスの言うように、おそらく同じ一人の女を共有することで二人の間に絆が生まれると踏んだのであろう（同、一三・四六）。

それどころか、皇帝家の女たちは最高権力を自らが握ることを欲した。リウィアは自分の息子にそうするよう働きかけたが、成熟した男であるティベリウスはそれをやめさせ、いかなる名誉をも与えなかった。クラウディウスはメッサリナの、次にはアグリッピナの尻に敷かれていた。摂政というものを持たないこの体制下で、アグリッピナは、自分のおかげで息子のネロは皇帝になったのだと思っており、コンソルティウム・インペリイ、「権力の共有」を望んだ。彼女は、カーテンの後ろからとはいえ、元老院の会議に立ち会った。皇帝の高座で外交使節を引見することを欲し、王たちに接見した……（同、一三・五）。彼女の権力への渇望は、衰えゆく自分の影響力を保持するために……実の息子を誘惑しようとするほどであったという（同、一四・二）。それに皇妃たちはある種の権力の標章を帯びるようになった。リウィアに先導吏《リクトル》を付けようとした者もいたし（同、一・一四）、アグリッピナには二人の先導吏が付いた（同、一三・二）。ある彫像では皇帝となったティベリウスよりリウィアの名前のほうが先に来た

（同、三・六四）。メッサリナはクラウディウス邸内で行なわれた訴訟に立ち会った。ネロの妾のアクテは女神ケレスに神殿を捧げている。皇后や皇女には彫像が捧げられ、貨幣には彼女らの顔が描かれた。リウィアやオクタウィアの柱廊のように、彼女らの名で建造物が建てられた（スエトニウス「アウグストゥス伝」二九）。彼女らは今や、先祖の系図であるイマギネスにも姿を現わした（スエトニウス「ガルバ伝」二）。皇后の名を冠した植民市もある。ウビイ族の首邑は、将来のケルン、コロニア・アグリッピネンシスとなった（タキトゥス『年代記』一二・二七）。同アグリッピナは、自分も帝国支配に与っているかのように、クラウディウスとともに異国の王に対し処置を下すため、軍旗の前に席を占めた（同、一二・三七）。神官のように彼女は覆いの付いた馬車に乗ってカピトリウムに登った（同、一二・四二）。皇后はアウグスタと呼ばれるようになった（同、一二・二六）。

権力の周囲ないし上流階級にいる女たちも同種の意思を表明している。こうした女たちは、リウィアの友人であるウルグラニアがそうしたように、概してまさに皇后たちとの交友関係を当てにしていた。エトルリアの出身で、おそらくその一族の女たちと同様、地位にふさわしくふるまうことに慣れていた彼女は、ある日訴訟のため元老院に呼び出されたが、出頭することをよしとしなかった（同、二・三四）。女の中には往々にしてめいめい勝手に行動する者もいた。タキトゥス曰く、手に負えない気性の持ち主である大アグリッピナは、妊娠しているにもかかわらず、陣中にまで夫のゲルマニクスについていった（同、一・四〇）。彼女は、暴動を治め、苦境にある兵士たちを激励するなど、まさに指揮官然としたふるまいをし（同、一・六九）、ピソとプランキナによって毒殺された夫の仇を取ると固く決心した（同、二・七五）。このプランキナがゲルマニクス抹殺にあたって非常に積極的な役割を果たしたことは確かである。彼女もまた陣中まで夫に同伴してきており、軍団兵の視察までやった、などといわれている（同、二・五五）。ただ一人の長が国家に君臨する以上、それ以外の家長は無力な状態に置かれることになるこの新しい体制において、女たちは以前よりも容易に権威を発揮することができた。政務官の妻が属州にまで夫に同行し、その地で陰謀を助長し、取り巻きに囲まれることも、ありがちになった（同、三・三三）。ローマ市では、男同様に、彼女らも庇護関係《クリエンテーラ》の芽となった。アグリッピナは朝の伺候《サルターティオ》を受ける栄誉に与っているが、この朝早くに為される表敬訪問はそれなりの地位にある人々に対して行なうものである。自分の傍に婦人たちの一団を従えて移動し、そうやってあちこちの道を歩き回ったり見世物場へ向かったりする女の姿も見られる（同、三・二三）。ユウェナリスは、本人の生きていた時代ではなく、ユリウス・クラウディウス朝時代のことを書いているのだということは注意しておくべきだが、ありとあらゆる訴訟を起こすのは女性であると言っている（『諷刺詩』六・二四二）。クラウディウス治下のウェッレイウスの元老院決議は、女の保護を目的に、女が男の保証人になることを阻止しようとしているが、何よりこうした禁令自体、そのような事態が頻繁に起こるようになっていたことを意味しているのである。女たちも戸口調査の対象となっていたようであり、今やローマの女性市民のことが日常的に語られるようになった。彼女らはひっきりなしに占星術師にお伺いをたて、自らの運命を知りたくてたまらないのだが（同、六・五五五）、こうした行ないは貧乏人、金持ちを問わず広く蔓延していた。名門の家の女性には名門の男性と同じくらい盛大な葬式が挙行された（タキトゥス『年代記』三・七六）。

この頃の女は、男と同じ扱いに堪えさせられるほどに、男と対等なものと判断された。カリグラの妻であるカエソニアは、夫の犯罪の協力者であったとみなされたために処罰された。アグリッピナはネロからもはや母ではなく、帝位をめぐって争う敵であるとみなされた。また、告発され、追放され、有罪判決を受けた女も数多く列挙することができる（同、一五・七一）。

確かに、今や現実の政治的権力は皇帝家の狭い範囲内に限定されるようになった。市民の権利は衰え、民会も消滅した。にもかかわらず、この狭い範囲の中で、女は宮廷の枠を越えるほど影響力を増したのであり、たとえつい最近までは男を利用することで社会の中でのし上がっていたのだとしても、今では自分から影響力を振るうことを求めるようになったことは注目に値する。この新しい役割の中で女は、ローマ人の男なら好んで男らしいと形容したがるような意思堅固さを示したのである。

2 鍛え抜かれた精神

女たちは現に特筆すべき精神の偉大さを示している。プランキナは躊躇うことなく自決した（同、六・二六）。属州総督ポンポニウス・ラベオの妻パクサエアも同様である。あるいはスカウルスの妻セクスティアも夫とともに自殺した（同、六・二九）。権力に逆らった者たちの発揮した勇気はとりわけ注目すべきものである。いくらかの特権と引き換えに謀反人についての秘密をクラウディウスに自ら進んで明かしたスクリボニアヌスの妻と比べて（小プリニウス『書簡集』三・一六）、トラセアやヘルウィディウスの家の女たちの何と英雄的なことか。いかにもローマ人の女らしく、ウティカのカトーの家の女たちからストア主義の遺産を引き継いだのだ。セネカ曰く、この哲学こそが男に伍することを女に可能ならしめたのである（『賢者の不動心について』一四）。アッリアという女性は、夫のカエキナ・パエトゥスが断罪されたとき、夫より先に自分の身に短刀を突き刺しこう言ったという。「本当ですよ、私が苦しいのは私が自分の体につけたこの傷のせいではなく、あなたがこれからその体につける傷のためなのです」（マルティアリス『エピグランマタ』一・一三）。その娘もまた、夫のトラセア・パエトゥスが断罪されたとき、同じようにふるまおうとした（タキトゥス『年代記』一六・三四）。解放奴隷の女エピカリスは崇高である。陰謀事件に巻き込まれ、尋問を受けながら、何も自供しなかった。タキトゥスはこう解説している。「一人の女が、それも解放奴隷が、見ず知らずの人を守ろうとして示した見事な模範である……元老院議員ときたら、尋問される前から、最愛の人の名を誰彼構わず暴露してしまうというのに」（同、一五・五七）。セネカの二番目の妻パウリナはどれほどの勇気を示したことか。夫たる哲学者とともに死のうとしたのだから（同、六三）。確かにこうしたローマ人の女たちが死を強いられたのは往々にして、自殺することで、断罪の先手を取って墓を持ち自分の財産を遺贈することが可能になるからであるが、彼女らの中にいかなる躊躇いの跡も見出すことはできない。彼女らはその決意によって夫たちに匹敵し、かつ凌駕する。他にも究極の貞節や誠実さを示した女がいる。ネロの正妻であるオクタウィアは貞淑の模範である（同、一三・一二）。同じネロの愛人である解放奴隷のアクテはこの情夫に変わらぬ愛情を保ち続けた。数多くの女が死ぬまで自分の夫に誠実なままであった（同、一五・七一）。

前の時代の威厳ある、むしろ控え目で、やや臆病ですらあった婦人たちと比べると、自信に満ちた新しい女性の姿は好対照である。中には、夫、召使、隣人たちを意のままにする、本物の暴君として描かれるような女もいるくらいであるから（ユウェナリス『諷刺詩』六・二二四、四一三、四七四）。彼女らと比べると、タキトゥスやユウェナリスの作品に現われるような男たちは、往々にしてかなりの小心者である。

3　性の解放

もし一部の女たちが自分の気性の強さを貞節の面で発揮したとすると、別の領域でそれを発揮した女たちもいた。共和政末期に既に広まっていた父祖らの遺風からの解放はさらに拡大し、以前より広い階級に及んでいた。だが、この動向に突き動かされたのはとりわけ富裕なローマ人女性だった。それは快楽を求める競争となった。彼女らは、夫ないし自分に恩を負っている愛人に求めて、悦楽を追求した（同、六・三六）。彼女らは悦楽の領域において自らが男になることは欲さなかったろう。それほど男というのはこの点に関しては不都合だったのだ（同、六・二五四）。彼女らにとって一人の男ではほとんど満足できない（同、六・五三）。彼女らは媚薬に多額の金銭を費やした（大プリニウス『博物誌』九・七九）。カエソニアは夫のカリグラに子馬の額のイボを飲むように与えた。このイボには性欲を促進する作用があると思われていたのだが、だとすると、同帝が狂気にとらわれた責任はおそらく彼女にあるのだろう（ユウェナリス『諷刺詩』六・六一六）。政務官たちは任地の属州へ出立する際には、妻を自宅に残しておくことに不安を抱いた。それほどに彼女たちは快楽に溺れやすかったのだ（タキトゥス『年代記』三・三四）。男と交わる際、新しいやり方を考案するのは女である（セネカ『ルキリウス宛書簡』九五・二〇）。心配なしに快楽を得るために宦官を用いる、などである。女のほうから男をそそのかすことも間々あった。オケッリナが父のほうのガルバに言い寄ったように、アグリッピナも将来の皇帝である息子のほうのガルバに言い寄った（スエトニウス「ガルバ伝」三、五）。女たちは、強い男や異国風の男にとりわけ魅力を覚えた。たとえば、ユウェナリスに出てくるエッピアは醜い剣闘士に夢中になり、アエミリア・レピダは奴隷に（タキトゥス『年代記』六・四〇）、ドミティアは黙劇役者にのぼせ上がる（スエトニウス「ドミティアヌス伝」三）。マルティアリスはこう言ってある夫婦を嘲っている。「彼の妻は夫を女中の尻追いと呼び、妻のほうは輿担ぎ人足のあとを追う」（『エピグランマタ』一二・五八）。クラウディウスは、奴隷の男と寝た自由人の女を奴隷の身に落とさざるをえなかった（タキトゥス『年代記』一二・五三）。

妻が出産を負担に思うのはいうまでもない――これは夫も同様であるが。妊娠は余暇の妨げとなるからだ。「黄金のベッドに横たわる妊婦はほとんどいない」とユウェナリスは述べている（『諷刺詩』六・五九四）。九人の子供をもうけた大アグリッピナのような大家族は稀であったのだ（スエトニウス「カリグラ伝」七）。母親たちは自分の子を母乳で育てることを拒んだ（アウルス・ゲッリウス『アッティカの夜』一二・一）。妊娠を避けるために、セリのすり汁やヘンルーダの種、その他の様々な麻薬、ペッサリーが用いられたが、危険がないわけではなかった（ユウェナリス『諷刺詩』六・五九二）。赤ん坊への愛情は、既に述べたように、それまでも常にかなり弱いものであったが、強まるということはなかった。そのため、若者たちは自分の母親よりも自分に乳を与えてくれた女のほうに愛情の念を抱くことが間々あった。ネロは恐ろしいアグリッピナよりも優しい乳母のほうが好きだった。

女たちは往々にして結婚をしぶしぶ我慢した。結婚は、上流階級の家庭では、いつも勝手に決められるものであったからだ――ユリアは、マルケッルス、アグリッパ、ティベリウスと次々に結婚した。そのため、女たちは自分が気の向くままにふるまってよいと約束するよう夫に強く求めた（ユウェナリス『諷刺詩』六・二八二）。しかしこれでも満足できなかったので、彼女らは頻繁に離婚した。セネカ曰く、身分の高い妻たちは「もはや執政官《コンスル》の数ではなく、夫の数で自分の歳を数えている。彼女らはただ再婚するために離婚し、離婚するために再婚するだけである」（『恩恵について』三・一六）。

放縦な女たちを並べてみるとなかなかに壮観である。たとえば、アウグストゥスの二番目の妻スクリボニアは素行の乱れた女だった（スエトニウス「アウグストゥス伝」六二）。リウィアは侍医を愛人にしていたという（大プリニウス『博物誌』二九・二〇）。アウグストゥスの娘ユリアは非常な浮気者だった。にもかかわらず、彼女の子供が皆、夫のアグリッパに似ているというので驚く人がいると、彼女は「船倉が満杯のときにしか乗客を乗せなかったからよ」と言ったという（マクロビウス『サトゥルナリア』二・五）。父親はこの娘を裁判なしで島流しにせざるをえなかった（スエトニウス「アウグストゥス伝」六五）。メッサリナには数多くの愛人がいた（タキトゥス『年代記』一三・一一）。ユウェナリスによると、彼女は売春宿に自分専用の部屋を持っていたとかで、「男に疲れ、しかし満足はいかないままに」最後に宿を立ち去るのだと非難している（『諷刺詩』六・一二二）。クラウディウスに嫁いでからも、既に見たように、ほとんど公然と――あまりに信じがたいことに思われるので、歴史家たちが様々に説明しようと試みてきたくらいだが――元首の反応を恐れもせず、シリウスと結婚しようとしたという（タキトゥス『年代記』一一・一二）。アグリッピナは解放奴隷のパッラスと寝た。タキトゥス曰く、ポッパエアは夫と愛人の間に何の区別も設けなかった。多くの場合、こうした素行の原因を説明することは可能である。ユリアは非常に厳格に育てられ（マクロビウス『サトゥルナリア』二・五）、既に見たように、何度も結婚を強制され、結婚後ほどなくしてティベリウスに捨てられた。メッサリナはクラウディウスより三十五歳ほど年下であった。新しい気風と一部の古来の慣習の維持（早期の結婚や政治的な縁組など）との間の対立が、多くのローマ人の女にとって不幸な体験になったことは確かである。いずれにせよ、古い時代との対照が際立ったものであったことに変わりはない。

しかしいうまでもなく貧乏人と金持ちの間では倫理観が異なる。だからユウェナリスは、貴族より一介の市民たちのもとで出産が多いと指摘している。だがそうはいっても乱行放蕩が貴族階層の女に限られていたわけでもない。情事は当代の流行だった。オイルランプは様々な体位をとったカップルの姿を意匠に選んでいるが、そこでは女が以前よりもご主人様然とした姿勢をとっていることに注意しよう。図書館に行けばエレファンティスの本のような猥雑な書物を手にすることができた（スエトニウス「ティベリウス伝」四三）。屋敷の内側では、壁にみだらな絵が描かれていた。遊女たちは男と一緒に裸で入浴した（マルティアリス『エピグランマタ』三・六八）。ポンペイに残る落書きは、少し後の時代になるが、色事が支配する社会の姿を見せている。女たちは美しい競技選手を見るために競技場へ赴く（ユウェナリス『諷刺詩』六・八二、三五五）。彼女らは黙劇役者の身振りに魅了されるがままである（同、六・六三）。劇場では扇情的な見世物が増殖していた。ペトロニウスに出てくるクアルティッラは自分がかつて処女であったことも覚えていないくらいである（『サテュリコン』二五）。ティベリウスは騎士身分の女性に売春を禁止する布告を出すことを余儀なくされた（タキトゥス『年代記』二・八五）。ローマがかつて経験したことのないような情痴沙汰を目にする時代であった。たとえば護民官サギッタのそれである。人妻のポンティアに惚れたこの男は彼女と結婚するために離婚するよう仕向けたが、この女はもっと金持ちな結婚相手のほうに目移りしたのである。嫉妬で怒り狂った彼は、最後の逢瀬を交わしたその晩、彼女を殺した（同、一三・四四）。最近死んだばかりの夫の墓に生きたままこもることを望んで、最終的に歩哨の兵士からの誘惑に身を任せたという、エフェソスの富裕な女の小話が座に興を添えたことは、妻の貞節などもはや信じられていなかったことを示しているのである（『サテュリコン』一一一〜一二）。

女性のことしか話さないのは不公平というものだろう。既に見たように、アウグストゥスは自分で定めた法にほとんど従わなかった。ティベリウスはカプリ島で珍奇な乱行に耽ったといわれている。カリグラは誰の妻でも誘惑した。クラウディウスは女なしでは生きられず、女中の中でも最も若い女に言い寄った（スエトニウス「クラウディウス伝」二六、三三）。ネロは宮廷に快楽の管理人を任命した（タキトゥス『同時代史』一・七三）。族内婚によってユリウス・クラウディウス家の優位を保とうとしたのか――異国の王女との結婚は禁じられていた――、それともエジプトやユダヤからの影響を受けたのか、皇帝たちは近親相姦すら犯した。カリグラは自分の妹と、クラウディウスとドミティアヌスは自分の姪と関係を持った。ユウェナリスも、『諷刺詩』六歌では女たちを痛烈に非難しているにもかかわらず、それでも男たちの間に見られる堕落のほうがよりいっそう激しいことを認めている（『諷刺詩』二・四五）。それにこの時代には、セネカの母や叔母のような、立派な女たちも見られたのである。

それでも多くの男たちは女たちの新しい素行を前にたじろいだ。ローマ人の女との結婚は冒険事と化したので――この点はユウェナリスがいつもの誇張を伴いつつ証言しているとおりである――、男たちはもはや秘めた情事の快楽に身を委ねるにとどまらず、共和政末期に見られた以上に、もっと簡単に夫の権威を認めてくれる、解放奴隷の女との結婚をするようになった。宮廷自体が、クラウディウスの治世以降、御用達の妾を抱えるようになる。後代のマルクス・アウレリウスですら同様である。

男の同性愛が発展した理由の一つが女性の解放であったことはよく知られている。ところで当時のローマ市では男色家の増加が見られた。歴史家のスエトニウスが、実に自然なやり方で、元首が女に向ける態度と男に向ける態度とを一緒にして考察していることは示唆的である（「クラウディウス伝」三三）。ネロは同性の人々にもかなり心を惹かれた。

4 贅沢と美

ローマは世界中の富を手に入れた。もちろん、アウグストゥスが施行した奢侈取締令（効果のほどは薄かったが）にもかかわらず、ここから利益を得たのはとりわけ貴族階層の女たちであったが、より倹しい階級の女たちも同様だった。騎士身分の妻や裕福な解放奴隷の女たちである。概して、最近まで最も裕福な遊女か奔放きわまる女たちに限られていたようなおめかし品の類が、婦人方《マトローナ》にも取り入れられるようになった。こうした婦人方は化粧、香水、さらには歯を白くするといったことに多額の金を費やした。ポッパエアは、その見事な美貌で知られているが、自分の魅力を保つため、雌ロバの乳の風呂に入り、スキンケアクリームには自分の名前を冠した（ユウェナリス『諷刺詩』六・四六二以下）。中には、休みなく自分の美容のために奉仕する男、美容師（コスメタエ）を抱えている女もいた（同、六・四七七）。

髪型にはとりわけ気が配られた。過去の時代の非常に簡素な髪型は今や社会から完全に姿を消していた。女は自宅から外出するときでさえ自分の頭髪を見せるようになり、その魅力を巧みに操る（アプレイウス『変身物語』二・八）。この領域では、前の時代の軽薄な女たちに限られていたような多様性を模倣した。メッサリナの時代以降、髪にかけるカールの数まで増加した。次いで髪型自体が巨大化していき、まるで建設工事の足場を組んだような観を呈していった。ユウェナリスはこう綴っている。「女が頭に積んで背を高くするこの建物は、一体いくつの階を重ね、どんな構造をしているのやら」(『諷刺詩』六・五〇二)。

女たちはもはや羊毛や亜麻をまとわず、綿や後には絹の服を着た。セネカ曰く、この絹という生地は、寝室の内奥にいるときと同じくらい女の身体がおおっぴらに見えるようになるものである(『恩恵について』七・九)。アグリッピナは金糸で織ったクラミュス〔短い外套〕を身に着けていた(タキトゥス『年代記』一二・五六)。ポッパエアのような女が自分の美貌をより悩殺的でそそるものにするためにヴェールを用いるような場合でもなければ、顔をヴェールで隠すことは今や稀になった。贅沢は下着にまで及んだ。メッサリナは、彼女のあら探しに余念のないユウェナリスによると、黄金の網で胸を支えたという(『諷刺詩』六・一二三)。織物はいくつもの色で染められた(サフランの黄、没食子の黒、アカネの赤など)。

宝石の重さと値段は莫大なものになった。セネカは遺産数人分の価値をも上回る値のイヤリングについて語っている(『恩恵について』七・九)。時には足首にまでリングをつける者もいた。真珠は贅沢の極みだった。大プリニウスはカリグラの妻についてこう記述している。婚約を取り決めた晩餐会の席で目撃した際、「エメラルドと真珠で覆われていた。宝石は交互に組み合わされて、彼女の頭、髪の毛、耳、首、指といたるところで輝いていた。合計で四千万セステルティウス分にも相当した……」。加齢による容姿の衰えを取り繕うため、髪染め、かつら、差し歯にも財産を費やした。

宮廷の女たちは、めかしこんだ淑女たちや小間使いたちに囲まれて、これ以上ないという贅沢の中で暮らしていた。アクテのような妾たちですら物持ちであった。アクテは公共建築物を立てさせるに十分な金銭を持っていた。裕福な女たちにとって人生は安楽なものであった。彼女らは往々にして大勢の召使を抱えていたが、召使は夫というより奥方のほうに従属しているのである。彼女らは食事に同席し、男のように寝そべって夕餐に与った。ブドウ酒を飲むことすらできたという（タキトゥス『同時代史』一・八一、マルティアリス『エピグランマタ』六・二七）。彼女らは海水浴場や湯治場にも足繁く通った。スポーツもたしなみ、アグリッピナは水泳が達者だった。彼女らは、その身分が何であれ、劇場や競技場、円形闘技場で、人前に姿を現わした（ユウェナリス『諷刺詩』六・二四六）。彼女らは自分専用の居室を持っており、非常に倹しい女たちは夫婦共用の寝台で我慢するのに対し、裕福な女は寝室を別々にするのだった。

5　教養ある女たち

身分の高い女たちは自由学芸の領域に進出した。いったん結婚すれば、家事から完全に解放される彼女らは、自由にできる時間を存分に持てた。彼女らは歌と踊りを学んだが、ギリシア語にも熱中した。「女たちはギリシア語で男と寝るのだ」とユウェナリスは嘲弄している（同、六・一九一）。彼女らは修辞学や文学に無知というわけではなく、公開講演会に出席している（タキトゥス『年代記』三・四九）。後にウェスパシアヌスの妾となるカエニスは、クラウディウスの母アントニアの秘書の務めを果たしており、並外れた名声に与っている（ディオ『ローマ史』六五・一四）。ユウェナリスが嬉々として言うには、男どころか他の女をもぴしゃりと黙らせるような女がいて、こうした女は夫がいかなる些細な言い間違いを漏らすのも許さない（『諷刺詩』六・四五六）。にもかかわらず、弁論家や文法学者に女性の専門家はいないし、おそらく男から非難を招くといったことが原因であろう、女性の作家というのもきわめて稀である。ローマにサッフォーのような女流作家は知られていないが、アグリッピナは『回想録』を書いたという。

こうした女性解放は、共和政末期の時点で準備されその後も拡大していったが、あらゆる自由化と同様、無秩序なやり方をとったものであり、政治的な次元では、アグリッピナの死とともに歯止めがかけられた。たとえ母殺しのおぞましさをこの殺人から払拭しようと手が尽くされたのだという点を考慮しても、これは最高権力を女の手に委ねることを男が拒否した印であると受け止められた。ネロは、ティベリウスがリウィアにしたのと同じ拒否権でもって自分の母親に抵抗した。ティベリウスは母親が栄誉を受け取ることをほとんど認めなかったが、ネロは、女が歩兵隊から忠誠誓約を受けたり異民族の使節に答礼したりしようと欲するのに憤慨し（タキトゥス『年代記』一四・一一）、いくらかの猶予の後、彼女の抹殺を決心した——これが世人の満足を呼ぶものだったことは注意しておこう。これは、ローマ人の男にも女に踏み越えさせるわけにはいかない限界があるのだという、女性解放の沸騰の後に発された警告とでも呼べるものであった。だが、母親にはこのようにふるまったネロが、今度はポッパエアという別の女の言いなりになっていたと思われる点に注目すると、なかなか面白いところである。残るは、この母殺しの与えた効果が長続きしたのかどうかと、女性解放に本当にブレーキがかかったのかを探ることである。

Ⅲ　フラウィウス朝以後——新たな均衡

1　皇帝家の影響と属州からの影響

フラウィウス朝およびアントニヌス朝という新しい王朝の時代の到来は風紀に影響をもたらした。後代のさらに不安定な時代の先触れとなったコンモドゥスを別にすると、この時期の皇帝たちおよび皇后たちはその前任者たちほど波瀾に満ちてはいないやり方で暮らしていたか、または少なくともそのうわべだけは取り繕おうとしていた。ウェスパシアヌスは妻が死んだ後になって初めて一人の妾を持った。妻であるかのように扱ったという例のカエニスである（スエトニウス「ウェスパシアヌス伝」三）。ドミティアヌスは、本人が姪と肉体関係を持ったと非難されているが、他人に対しては良俗の厳格な守護者たろうとして、姦通に関するユリウス法[2]を更新し（マルティアリス『エピグランマタ』六・四）、身持ちの悪い女には遺産の受け取りを禁じた（スエトニウス「ドミティアヌス伝」八）。その妻は道化役者のパリスの色香に誘惑されたが、宮殿に連れ戻された。トラヤヌスと妻のプロティナは、後者とハドリアヌスとの関係について中傷がいくらか聞かれたものの、夫婦同士の貞節の模範だった。ハドリアヌスとサビナは、性格がまったく異なるし、かつこの元首がアンティノウスに心惹かれていたにもかかわらず、ほぼ四十年間連れ添った。確かに小ファウスティナは古代の歴史家たちからは甚だ慎みに欠けるとみなされたが、彼女はマルクス・アウレリウスとの間に十二人ほどの子供をもうけたのだし、同帝も妻が道を踏み外しても寛大だったことが想起されよう。このストア主義者の皇帝は自分が男としての最初の務めを果たしたのが遅かったことを自慢したし、妻が死んでから初めて妾たちを抱えた。

他方、政治の世界の人士は様変わりしていた。より伝統主義的なイタリア人や属州人がローマ市のローマ人に取って代わった。贅沢も前ほどこれ見よがしなものではなくなった（タキトゥス『年代記』三・五五）。ウェスパシアヌスの生活は質素だった。ネルウァは必要な分を除いて帝室の全財産を売却した。アントニヌス・ピウスは元首というより市民としてふるまった。ストア主義者として生きたのはマルクス・アウレリウス一人ではない。アントニヌス朝時代を通じて、過度な贅沢と快楽を排する、宮廷のストア主義とでも呼びうるものが実践された。同性愛、中絶、婚前交渉、これらは不道徳とみなされた。

2 法・社会の領域における安定化

この時期を通じて、私的な領域における国家による司法面での介入は続き、女性の権利は確かなものになったが、結局は限定された範囲に限られた。たとえばその時までに、無手権婚が大きく広まっていたために、夫と妻の遺産はそれぞれ別個のままだった。不都合なのは、子供は母親からは相続できず、また逆に母親が子供に遺産を残すこともできない点である。ハドリアヌス治世のテルトゥッルスの元老院決議以降、少なくとも三人の子を持つ母親は子供に遺産を相続させる権利を有することになった。今度は後一七八年のオルフィトゥスの元老院決議によって子供が母親から相続することも認められた。マルクス・アウレリウスの治世にはローマ人の少女も穀物配給の対象になった。

上流階級において女たちは古来の権利から利益を得続けており、その上こうした新しい特権によっても得をしていた。かなりの財産を蓄える女もよく見られた。この時期の書簡は女性絡みの遺産問題に頻繁に言及している。こういう女たちはもし相続人に指名されていなければ、抗議した。小プリニウスは、父親によって相続権を奪われたので、百人委員の法廷に訴えた女性の事例を挙げている。他の婦人たちまで、まるで判決は彼女ら全員に関わるかのように、この訴訟の傍聴に大勢でやってきたという（『書簡集』六・三三）。碑銘には解放奴隷の元主人の女性が大勢現われる。もちろん彼女たちは女の解放奴

（2） 不義を犯した妻に、持参金の半分と、財産の三分の一を罰金として科し、島流しを命じるもの。

隷だけでなく男の解放奴隷も自らの影響下に置いていたのである。小プリニウスの二番目の妻の母親は金庫にかなりの金を貯め込んでいた。土地を所有している女もいた。ウンミディア・クアドラティッラという女は神殿や円形闘技場を建てさせることもできた。彼女は黙劇役者の一団を抱えていたという（小プリニウス『書簡集』三・一九、七・一一、二四）。一部のローマ人女性の遺言書は期待の的であり、中にはこうした女性の遺言を狙うことをほとんど仕事にしているような男までいた。こうした富は男性からは完全に許容されていたようであるが、それには実に様々な理由があった。男たちは裕福なローマ人女性を目にするのに慣れていた。こうした女たちの財産は、若干の例外を除いて、男の許容範囲内にとどまっていた。何より肝心な点に変化がなかった。家父長権《パトリア・ポテスタス》そのものは何一つ損なわれることなく存続していたし、ローマ人の男たちは行き過ぎは起こりうるとしても抑制可能だと考えていた。

より一般の家庭においては、両性間の戦いのようなことはなおのことなかった。『サテュリコン』の食事のシーンで、ペトロニウスは些細なことで喧嘩する二組の夫婦を登場させているが、彼らはほとんどすぐに仲直りする。市民層のかなりの部分を占めている退役兵たちは、外人身分の女と結婚した。兵役終了後に——兵役に就いている期間中は結婚が禁じられていたからだが——元奴隷の女を妻に迎えた元軍団兵に言及している墓碑は数え切れないほどある。財産を持たないこうした女は非常に従順なままだった。解放奴隷の間では——当時ローマ市人口のほとんどを構成していたのは彼らだといわれたこともあるが——女を恐ろしい権力者に思わせるほどの財産を持つことは稀であった。確かに女性の職業人の活動が広まったのはこの庶民階級においてである。これまでも見られた理髪師、助産婦、乳母、黙劇役者、買春の仲介役（レナエ）に加えて、お針子、染物屋、洗濯屋、宿の女中、織り子、魚屋、宿の主人、さらには、石灰製造工、医者、家庭教師にまで進出した。それでも、船舶の所有者を別にすると、こうした職種の人々は質素な生活をしていたし、それに数の上で限られていた。ローマの古い碑文に従うと、家庭教師と医者に女性が占める割合は十分の一にすぎないようである。服の仕立て屋でいうと女の職人一人に対し男二十人という割合を挙げることができる。男たちも、石碑の数々が証言しているような、家長の役割を果たし、記念碑を建てるといったことをする女が中にはいるのを目にしても、たじろぐというほどではなかったろう。これらは例外であり、むしろ何が規範なのかを思い起こさせるのである。

3　きわめて穏当な政治的役割

皇帝家内部における女の政治的役割は、フラウィウス朝、アントニヌス朝時代でも無視できるようなものではまったくなかったが、共和政末期やユリウス・クラウディウス朝時代と比べるとはるかに制限されたものになった。帝位継承の次元では養子縁組制という発想が優位を占めたため――皇后たちに子供ができないことが多かったからだが――、皇帝たちは自分に近い血筋の中から帝位継承者を探し求めた。それに、少なくともアントニヌス朝下では、たまたま、帝権への接近を可能ならしめたのは妻の側の親族関係であることが多かった。ハドリアヌスはトラヤヌスからはかなり遠い親類だったが、サビナはトラヤヌスの姪の娘だった。アントニヌス・ピウスはハドリアヌスの親類ではなかったが、妻である大ファウスティナはトラヤヌスの姉の血を引いていた。したがって、皇后がアウグスタと呼ばれ、貨幣の発行、貴金属製の像や神殿の建立といった栄誉に与るのも当然なのである（『ヒストリア・アウグスタ』「ハドリアヌス伝」一二）。大ファウスティナは神格化され、一年のうち十番目の月には危うく彼女の名が冠されるところだった（同「アントニヌス伝」六、一〇）。小ファウスティナは「陣営の母」という称号を受け取っている。皇帝家の女たちは権力のすべてを奪い取ろうとはしなかったが、帝位継承にあたって自分が現に役割を果たしたことは認めるよう求めた。かくて自然の成り行きから皇帝夫婦というイメージが皇帝単独のイメージに取って代わる傾向が生まれた。人々は、トラヤヌスとプロティナ、ハドリアヌスとサビナ、アントニヌスとファウスティナのことを口の端にのせたのである。皇后たちがある程度の権力に関わったことは確かである。『ヒストリア・アウグスタ』によると、小ファウスティナは夫のマルクス・アウレリウスに助言を与えるための手紙を書いたという。

しかしこれらの皇后たちの策略はユリウス・クラウディウス朝下のそれよりははるかに控えめなものである。たとえば、プロティナが夫のトラヤヌスの死を数日間隠し、同帝は死の床にあってハドリアヌスを養子にしたと言い立て嘘をでっち上げたことは明らかだとしても、彼女は権力に空白が生じているときにそのようにふるまったということ、そして、この元首が生前から常に表明してきた意図を実現させただけにすぎないということは、認めねばならない。この時期の終わりには、上流階級の女たち自身もある種の政治上の差別是正から恩恵を得ていた。というのも、元老院議員の妻は自動的に元老院階級に登録され、夫同様にクラリッシムス(3)の称号を授けられるからである。しかし、例外的な役職を設ける際に、皇帝がその任に就けたのは騎士身分ないし解放奴隷の男であって、女ではない。女たちは公的な役目からは遠ざけられたままだったのである。

4　新しい夫婦関係

夫婦というものに対する考え方も、妻は未成年者として扱うべきという古い時代のもの、そして少なくとも上流社会においては夫婦はかなりの程度互いに自立するというもっと最近のもの、という風に変化してきたが、これに次ぐのが、結婚をより愛情に基づくものとし夫婦の結びつきを緊密にするような、より均衡の取れたまた別個の夫婦観であると思われる。

男は、まず共和政末期には権力を掌握した党派のリーダーたちが存在することが原因で自らの権威を衰えさせ、次いで帝政初期にはその威信はほとんど完全に地に墜ちた有様だったが、そうした時期の後、夫は、上流階級においては、いってみればこの威信失墜を乗り越え、他の領域では自分から失われ

（3）clarissimus、元老院議員の帯びる尊称。

てしまった権威を家庭内において取り戻した。別の階層においては、夫にして兵士であるという古《いにしえ》の威信を夫が再発見したことがこの再均衡に有利に働いた。たとえば軍団兵は、外人身分出身であることの多い妻に比べた場合に限っては、確かに権威を持つことができた。

にもかかわらず妻は、習俗が変化したために、これに釣り合いを取るだけの自由を保っていた。夫も結局はある種の平等を妻に認めていた。ギリシア人ではあるが、フラウィウス朝時代のローマ市に長く逗留したことのあるプルタルコスは、両性が同じような性格の特徴を現わすことを認めている（『愛に関する対話』二一）。小プリニウスも高貴なふるまいや立派な発言を、男のものであれ女のものであれ、同じ水準で扱っている（『書簡集』三・一六）。今では娘が父親のそっくり生き写しということもありうるのだった（同、五・一六）。

この領域においては、ストア主義が、無視できない、以前より大きな影響力を振るった。ストア主義が共和政末期ならびに帝政初期の幾人かの偉大なる婦人たちを鼓舞したのは既に見たとおりだが、それが今では、より人間味のある形をとって、他の人々にとって模範となる宮廷ならびにローマ市の上流階級にも浸透した。ストア主義は、徳の働きを可能ならしめる純粋な夫婦愛を称揚し、自由を失わせる一時的な愛を非難した。後一世紀のストア派の哲学者であるムソニウス・ルフスは、夫にとって妻の存在ほど有益なものはないし、逆もまた然りである、と考えた。彼は結婚が厳密に道徳にかなった、対等なものであることを願った。

確かに妻はこの新しい状態のもとにあっても常に厳格な義務を負い、厳しい境遇にあった。彼女らはか弱き者とみなされるままであった。結婚は、とりわけ上流階級においては、往々にしてお仕着せのものであり（小プリニウス『書簡集』一・一四、『ヒストリア・アウグスタ』「アントニヌス伝」一〇）、文献資料の証言と同じくらい多くの墓碑に刻まれた碑銘が証明しているように、多くは相変わらずかなり早い年齢で執り行なわれた（小プリニウス『書簡集』五・一六）。夫たちも妻の身に降りかかる苦悩に対しては際立った無頓着さをいつも発揮した（同、八・一一）。とりわけ、従順や貞節といった徳が要求されるのは相変わらず妻に対してであった。ムソニウス・ルフスにいたっては、美しすぎもせず醜すぎもしないことを妻に求めさえするのである。姦通に関するユリウス法は常に有効であった（同、六・三一）。ウェスパシアヌスは、自分の邸宅で外人身分の奴隷と関係を持った妻はすべて奴隷とみなされねばならないと考えた。医者の数は増えたにもかかわらず、医術の進歩は限られたものであり、分娩が死につながることも間々あった（同、四・二一）。子供は夫のみの所有に属するままだった（『学説彙纂』一・五・一八）。肉欲に耽る生活を送る男もいた。小プリニウスはラルキウスという本当にハーレムを所有していた男に言及している（『書簡集』三・一四）。

しかしながら、結婚に対する考え方が大いに変化したことには疑いはない。プルタルコスは――夫が優位に立つ点は譲らないものの――結婚を、妻と夫が同一の役割を持つ一種の調和とみなしている。「もし二つの音を調和させれば、音色を与えるのは低いほうの音である。同様に家の中で為されることもすべて二人の配偶者の調和の結果であるのだが、優位と決定権は夫にあることが表面には現われる」(『結婚訓』一一)。彼は結婚には愛情が伴わねばならないことも付け加えている。それでも妻のほうがより慎み深くなくてはならない。妻のほうから夫に愛を求めてはならず、あくまで夫から抱擁を受け入れるにとどめねばならない、と(同、一八)。プロクルスのものとされたポンペイの壁画はこうした新しい夫婦のあり方を象徴している。夫婦は対等であるように見える。二人とも同じ権威と教養を有している。夫はパピルスを、妻は書板を手にしている。それでも夫のほうが立派そうで、より思索的に描かれていることからして、明らかに夫のほうが優位を保っているのである。

この新しい結婚観は法学者の作品や法文の中にも姿を現わしている。ウルピアヌスはこう明言している。「結婚を成り立たせるものは性的な結合ではなく愛情である」(『サビヌスに関する注解』三五巻)。モデスティヌスはさらに大げさである。「結婚とは男と女の結びつきにして人生の共有であり、神聖な権利と人の権利を共にすることである」(『法規集第一巻』)。婚約の習慣は一般化した。婚約は、少なくとも初めのうちなら解消しても賠償を伴わないという意味で、ある種の柔軟性を表わすものである。結婚のためには、父親同士の同意だけではもはや十分ではなく、結婚する当事者二人の同意も必要とされた(パウルス『告示に関する注解』三五・一)。アントニヌス・ピウスの時代以降、取り結ばれた結婚を父親が解消させることはできなくなり(パウルス、五・六・一五)、この措置はマルクス・アウレリウスによって補強されることになる。

プロクルス（?）とその妻。ポンペイで発見されたネロ治世期の肖像。
出典：*Pompéi*, Editions de Crémilleux, Genève, 1971.

子供に対する思いやりの念も強くなった。遠い昔の時代と同じように母親は自分で母乳を与えるようになった。大プリニウスの言うように、母親の乳が他の何よりもよいとみなされた（『博物誌』二八・一二三）。ファウォリヌスはこの習慣の利点を数えあげている。感情的な絆が強まること、家族が緊密になること、優れた気質が受け継がれることである（アウルス・ゲッリウス『アッティカの夜』一二・一）。出生率もわずかばかり上昇した。ドミティアヌスの時代、マルティアリスは三人の子供を持つ母親に感嘆の念を表わしている。当時、平均数は、すべての事例について語るわけではない墓碑銘から意味のある統計を引き出すことができるとすればだが、女一人につき存命の子供が一・五人をやや下回る程度まで低下していた。それが今や〔アントニヌス朝時代には〕平均二人に迫るくらいまで上昇した。

成功した結婚に関する証言も、とりわけドミティアヌスの時代以後は豊富にある。なぜならマルティアリスの『エピグランマタ』が実に多くの悪習を再び描くようになるからである――ただしこの作品は、ユウェナリスのそれと同様、とりわけそれ以前の過去の時代に関連しているようであるが。それに多くの結婚は非常に幸せなものであったように思われる。まず富裕階級においては、小プリニウスとその妻カルプルニアの例が証言しているとおりである。この文通屋から浮かび上がってくる彼らの感情は、夫が温情主義的な態度を示していることと、夫婦の間で夫のほうが主導的な役割を保っていることが原因で、今日では数多くの揶揄を呼び起こしてしまっているが、この結婚に関する知見のどれもが、夫が妻に抱いた議論の余地なき称賛の念と新しい感性とを明らかにしている。彼はこう書いている。

「カルプルニアにはその天賦の才に加えて、私に向ける優しさゆえに備わった文学への関心がある。私の作品を始終手にし、それを何度も何度も繰り返し読み、空で暗記するほどだ。これから弁護をしにいこうとするときの私を彼女が見るときの不安といったら……。彼女は私の作品に節をつけて歌うが、その手ほどきは愛情以外の何物にもよらない……」（『書簡集』四・一九）。そして、彼女が養生のためにカンパニアへ行ったときには、こう求める。「あなたに心からお願いします、毎日、私の手紙に対して一通あるいはむしろ二通の手紙を返してください。それを読むことで私は心の平穏を取り戻すでしょうが、読み終わるとすぐにまた心配でたまらなくなるでしょう」（同、六・四）。これはまた何という気取り屋といったところだろうか。確かに、この手紙魔は自分の才気煥発ぶりを示したがっているのだが、妻のためにこれほど言葉を尽くしているのであり、妻に知性と教養が備わっていることをはっきりと認めているといってよいのではないか。また、非常に深い夫婦愛も存在したことを示す間接的な証言もある。夫が秘部に癌を患ったという理由で自殺した妻の事例が挙げられよう（同、六・二四）。

同様に、民衆の場合でも、碑銘は夫が自分の妻に捧げた称賛の言葉でいっぱいである。夫は妻の優しさや貞節、献身などを称え、いささかの争いもなく妻とともに幾年もの月日を過ごしたことを誇っている。確かに、こうした碑文の文体は往々にして型にはまったものであり、こうした決まり文句は、献呈者の感情そのものを書き取ったものではなく、石工の用いた手本に由来するのではないかと自問することもできるが、中には誠実としかいいようのないくらい胸を打つ内容のものもある。ある夫は「もはや妻とともに風呂に行けないこと」を嘆き、ある夫は「貞潔な者の中でも最も貞潔な女」を失ったことを惜しむ。いずれにせよ、心理状態の点でいうと、こうした領域で古《いにしえ》のローマ人が示したであろう控えめさと比べると、その変化は大きい。また、こうした愛情の印が民衆全体の中で見出されるようになったことには、注意する必要がある。今や奴隷ですら、他の者と同様に、式を挙げて結婚を祝うのだから、ほとんど公然と結婚の喜びを味わった。かつては市民のみに、最も重要な地位にある人々のみに限られていた結婚が、今や広く一般に執り行なわれるようになったことが指摘されよう。夫に対し最も大きな感謝を表明したのは、夫の手で奴隷の境遇から救い出されることの多かった、軍団兵の妻である。とにかく、妻は大抵の場合、自分の亡骸を夫と同じ墓に納めるよう求めたということは、示唆的である。つまり社会全体において、妻にとっても利益になるような議論の余地なき感性の向上が見られたのである。

　それにもかかわらず、この時期の全般的な様相とははっきりとした対照をなす存在がいることも見て取れる。多くの墓は、解放奴隷しか世話をする者のいなかった、独り身の女ないし男がいたことを明らかにしている。私生児の数も多いままで、なかには母親が三人ないし四人の人間から成る家族の中心となる場合もあったが、これはローマでは単一の父親が形成するものである血縁の絆を欠いたかりそめの家族である。しかし全体的にいえば安定化の時代という印象が得られる。

Ⅳ　二世紀以降――矛盾した影響と不変性

ローマは二世紀以後もはや純粋なローマではなくなった。途方もない移民の波が多種多様な新しい伝統を導入した。皇帝自身が遠く離れた地の民族の出となり、これまで知られていなかった風習を持ち込んだ。この影響の網の目を解きほぐし、ローマの女について語ることは、以前よりなおいっそう難しい。少なくとも皇帝家の女たちとそれ以外とを区別する必要はある。なぜなら、これから見ていくように、その相違は明瞭だからだ。

1　専横な皇后たち――シリア人の皇族女性

皇帝の大部分は最大級の放蕩に耽った。後二世紀末のコンモドゥスは、剣闘士の種から孕んだのだろうと母親が非難されるくらい、マルクス・アウレリウスとは似ても似つかなかった。コンモドゥスは三百人の娼婦を擁するハーレムを抱え、自分の姉妹を陵辱し、乱行放蕩の点ではティベリウスを凌駕したという（『ヒストリア・アウグスタ』「コンモドゥス伝」二、五）。カラカラは好色家だったが、無能者のエラガバルスにいたっては何度も結婚を繰り返し、遊女の大群の真っ只中でうろつき回り、ウェスタの巫女を娶るまでした（ディオ『ローマ史』七九・九）。裸の女たちに自分の馬車を引かせたとまでいわれている（『ヒストリア・アウグスタ』「エラガバルス伝」二九）。ガリエヌスは私用の浴場に歳を取った女と若い女を招き、若い女は自分のために取っておき、歳を取った女は友人たちに譲ったという（同「ガリエヌス伝」一七・九）。後三世紀末のカリヌスは九人の妻と結婚した。コンモドゥス、セプティミウス・セウェルス、エラガバルスの宮廷は同性愛者と宦官でいっぱいだった。皇族の女性たちも御多分に漏れなかった。コンモドゥスの妻は夫を欺いた（同「コンモドゥス伝」五）。セプティミウス・セウェルスの妻ユリア・ドムナと姪ユリア・ソアエミアスは非常に軽薄な女だった。

この時期の皇后たちはユリウス・クラウディウス朝の皇后たちと同じ役割を再び果たしたように思われる。コンモドゥスの実の姉と妾のマルキアは同帝に対して陰謀を企てた。後にはマルキアが同帝を毒殺したのである（同「コンモドゥス伝」一七）。しかし、正真正銘の女の権力というものを現出させたのは、とりわけ、シリア人の皇族と呼ばれた女たちの到来である。というのもアフリカ出身のセプティミウス・セウェルスが妻に娶ったのは、シリア属州、エメサの町のバアル神の大神官の家の娘、ユリア・ドムナだったのだ。もう一人のアグッリピナと呼ぶべきこの女は、夫に連れ添って戦場へ赴き、医者や哲学者をもてなした。息子のカラカラに対する彼女の影響力は甚大であり、歴史家の中には、おそらくネロとその母の逸話の焼き直しであろうが、近親相姦を告発する者もいるくらいである。ユリア・ドムナの姉ユリア・マエサは娘二人、ユリア・ソアエミアスとユリア・マンマエアとともに陰謀を企て、まずはソアエミアスの息子エラガバルスを帝位に就け、次はマンマエアの息子、あまりに若く、したがって影響を受けやすいセウェルス・アレクサンデルを担ぎ出した。エラガバルスは母親を元老院に招くことまでしており、自分の口で発言することは許されなかったものの、少なくとも主立った議員と同じ席に着くことはできた（同「エラガバルス伝」四）。セウェルス・アレクサンデルは祖母と母の支配下にあり、彼が二人に助言を求める手紙を書いたのもそれが原因とされる。ユリア・マンマエアはアレクサンデルの妻オルビアナを宮廷から追い出し、後二二二～二三五年までの十三年間、事実上女一人で統治した。この時期クイリヌス丘に女の元老院が創設されたという話もあるが、おそらくこれは作り話である。そうはいっても、後三世紀初頭に本物の女の支配を目撃したことに変わりはない。法学者のウルピアヌスはこう言っている。「たとえ元首は法から解放されているとしても、皇后はそうではない。しかし、実際には、元首は自らが与るのと同じ特権を皇后に認めている……」（『学説彙纂』一・三・三一）。シリア人の皇后たちを見れば、法から解放され、権力のおこぼれに与ることを元首に許しているのはむしろ彼女たちであるという印象を受けるであろう。

にもかかわらず、この女たちの再度の奮起を見た後、ローマ史の舞台から女たちの姿はほとんど完全に消えてしまうのである。エラガバルス治世の直後には、既に元老院議員たちが、いかなる女も元老院に足を踏み入れることを禁ずと布告している（『ヒストリア・アウグスタ』「エラガバルス伝」一八）。

しかし、たとえ皇帝や皇后たちが伝統的な風紀から逸脱したとしても、権力は民衆の無軌道に対しては厳格だった。セプティミウス・セウェルスは、ディオが告発件数は三千件を数えたと言うほどの熱心さで姦通を厳格に罰した（ディオ『ローマ史』七七・一六）。カラカラも姦通で有罪を宣告された者を処罰した（同）。セウェルス・アレクサンデルは公共浴場では男女を別々にし、女性に後見人となる余地を認めなかった（『ヒストリア・アウグスタ』「セウェルス・アレクサンデル伝」二四）。皇帝側の態度と民衆の態度が乖離していたことを、エラガバルスの兵士たちは宮廷から不品行なふるまいを一掃すべきと強く求めたという事実がよく表わしている（同「エラガバルス伝」一五）。

2　庶民の女たち

碑文学は庶民の女たちについて幾ばくかの情報を私たちに与えてくれる。他と同様、彼女らのもとでも多様さが目立つようになった。というのは、ローマの人口には、かつては社会にある程度の一体性を与えていた古い家柄の子孫がもはやほとんど見られなくなっていたからである。独り身の者もいれば大所帯の家族もいるし、子供がいない者もいるし、早くに結婚する女もいれば遅い女もいる、という具合である。解放奴隷の場合も様々だった。にもかかわらず、全体として見れば、後二世紀の間に到達した均衡は継続していたという感がある。というのは、伝統というものは他のどこより民衆の間にあって根強いものだからである。平均すると、若い娘の結婚は少し遅くなって十六歳ころ、幼児期を生き残る子供の数は二人で安定化した。処女性や貞潔は常に称えられ、結婚も、墓石の上で妻に対して向けられた称賛の言葉を信じるのなら、大体は上手くいった。こうした記念碑の上に記された年齢から統計を引き出すことは、特に結婚の持続期間が短いか長いかしか注意されないらしく、年齢が常には明示されない以上、難しいのだが、とりわけ男にとって寿命が延びたことは明らかである。ところで、より長いものになったこの夫婦の共同生活は十分維持されたようである。離婚は稀であった。結婚の長続きが人生の成功の印にすらなったということに注意する必要がある。往々にしてそれこそが碑銘の伝える唯一明確な情報であるのだから。

3　キリスト教の貢献

キリスト教の到来によってもたらされた変化は当然重要なものであり、それだけでまた別の著作が必要であろう。まず、この新宗教は大勢の女たちに関わるものであったことを指摘しておこう。彼女らに関する多くの著作が教父の手によって書かれていたのだから。キリスト教は、今しがた言及したようなあらゆる多様性に対して、少しずつだがその独特の刻印を強く押しつけていくことになる。しかしながら奇妙なことに、女性の境遇という領域においては、キリスト教は（しばしばいわれてきたような）〔ローマの伝統的な規範との〕断絶というよりむしろそれを補強する作用を果たした。したがって、キリスト教道徳は、夫婦に関する領域においては、アントニヌス朝時代の道徳と共鳴するものがあり、古式ゆかしいローマ的な道徳を、確かに変更を加えなかったわけではないが、単に活性化させただけだといってよい。威厳を備えてはいるが従属した存在という古来のローマ的な女性観は、共和政末期以降は薄れ、ユリウス・クラウディウス朝期以後は大なり小なり再度姿を現わしていたのだが、それが力を取り戻すにいたった。教会がキリストに従うように妻も夫に従わねばならないとエフェソス人に語るパウロは、ある意味でローマの伝統を復活させたのだ。処女性と羞恥心は称揚された。新しい信仰は、原罪の責任をとりわけ女に負わせるという限りで、おそらくローマ古来の気風より過酷ですらあったが、その反面、男に対してより多くを要求し、当時から妻と同じだけの貞節を夫に強制していたという点は注意する必要がある。こうした考え方はとりわけ後四世紀のコンスタンティヌスの法制に表われている。この法制が同帝の母ヘレナから強く影響されたものであることに留意しておこう。女性に対する後見については もはや語られなくなったが、離婚は禁止された（『テオドシウス法典』三・一六）。姦通をはたらいた者には死刑が宣告された（『ユスティニアヌス法典』九・九・二九）。こうした措置は、ユリアヌスによってほとんどが撤回されたが、やがてテオドシウスによって再導入されることになる。

結び

私たちが考察しているのは、ローマ人女性の典型ではないにしても、少なくとも象徴的な幾人かの女たちではあるといってよいだろうし、して、実に様々な姿の女を見出したのだ。もちろんこの種の多様性は数多くの社会にあてはまる特性である。人間の持つ多種多様な気質、性格、反応、状況を単一のモデルに帰すことは不可能である。ローマ人のように、その共同体が多様な形態を持ち階層化している場合にはなおのことだ。金持ち、平民、遊女、奴隷、解放奴隷、こうした様々な女たちの境遇を十把ひとからげにして考察することもまた難しい。語るとすれば、そもそも古代ローマの女は一般にどのようであったかではなく、数多くの女たちが現にどのようであったか、でなければならない。

しかしながら、この多様性にもかかわらず、全体的に見てローマ人の女はある程度まで解放されたのは確かだといってよいことが見て取れた。従順な婦人《マトローナ》から権力に肉薄した皇后まで、ずいぶん長い道のりを走り抜けてきたものである。従属からある程度の自立へ、また地味な素っ気なさから優美な魅力へ、義務としての結婚から愛の情熱や時には憎悪へ、本当に大きく変化した。

しかし、まず第一に、この変化は驚くほどのものではないということに注意しなければならない。過去のローマの女の境遇においてすらこうした変化の起こる兆しはあった。最初期の婦人も、後にきわめて重要な役割を果たすことを可能ならしめた威厳を、実際には保持していた。

次に、この解放は、ローマ人の女たちが置かれていた状況そのものと同じくらい、不安定なものだった。たとえ古い時代には、逆説的なことに、最も高貴な女が最も従属的な状態にあったのだとしても、共和政末期にはこれが逆転することになる。

最後に、この変化は二世紀間しか持続しなかったことを強調する必要がある。変化が最も顕著だったときですら、女たちはありとあらゆる義務に縛られたままだったし、影響力を振るうにも独力でそうするのと同程度に男を介してそうしていた。そうした束縛を彼女らが克服したとしても、それは部分的で一時的なものにすぎなかった。彼女らの行動は首尾一貫していないし、その上、他の女たちが無気力であったり、さらには抵抗したりするために、往々にして失敗した。一人の女も名声ある公職の位に達することはなかった。解放は実に限定的であったし、その後には均衡の回復が訪れた。この均衡の回復にしても、キリスト教のおかげであるのと同程度には、まさに最初期の時代の気風そのものやストア主義の影響にもなお多くを負うものである。キリスト教徒の女はそれまでの女たちと代わり映えしない存在である。ローマ人女性のあるべき姿をそっくり受け継いでいるのであるから。

こうした歴史は、道徳的な観点を常に特別視するローマ人の物言いを採用することで、ローマ退廃の原因を、思いつく限りの個々の女たちのみに帰すことが誤りであることをも示している。男たちも、女とまったく同程度に、厳密な意味で生抜きのローマ人人口の減少に責任があった。男たちもまったく同程度に豊かさの増進から得をした。まったく同程度に内乱の誘惑に屈した。それに、帝国の弱体化には他にも多くの要因が作用したことが知られている。自らの拡張そのものに起因する国家の変質・劣化、伝統宗教の衰退、現世的な利益の持つ意義を減じさせる信仰の拡大、征服活動がやんだ時点でそぐわないものになった軍事優先型経済の優越、などである。

女はむしろこうした騒乱の只中にあって、行き過ぎに対する最後の砦、最後の拠り所のように思われたと言うほうが公正というものであろう。ローマ人の女までが、とりわけ相応の地位ある女が、男と同じように、安逸ないしは不和の誘惑に屈したとき、社会は根底から揺るがされた。その反面、この男どもの都にあって、女たちもたびたび決定的な役割を果したという点は、請合ってよいのである。女たちもまた同様に、ローマの栄光に大きく貢献したのだ。

訳者あとがき

本書は、*Guy Achard, La femme à Rome*, Paris, 1995 の翻訳である。著者のギイ・アシャールは、フランスのリヨン大学で教鞭をとった古典学者であり、キケロやレトリック論、政治イデオロギーの研究などが専門である。いわゆるビュデ叢書中の『ヘレンニウスに捧げる修辞学論』、キケロ『発想論』、リウィウス『ローマ建国史』（ビュデ叢書の巻数でいうと二三巻）を担当した人物といえばわかりやすいだろうか。本書の他にローマにおけるコミュニケーションを論じた本や、同じ文庫クセジュでネロを扱った作品も書いている（いずれも邦訳はない）。なお、訳文中〔 〕で括ってある部分は訳者による補いであり、傍注もすべて訳者による補注である。

本来キケロや政治的レトリックを専門にしてきたアシャール氏がここで取り組むテーマは、ローマの女性である。以前、訳者はたまたま古代ローマに関する書物の監訳を引き受けたことがあるのだが（ロバート・クナップ『古代ローマの庶民たち』白水社、二〇一五年）、こちらでも女性に一章が割かれていた。クナップの書では帝政前期のローマ帝国の庶民女性全般について、実に様々な史料を博捜しながら論じていたが、特にパピルス資料からの引用が多かったのが印象的だった。それと比べると本書では、古典の文献資料に大きく依拠しつつ、王政期から帝政盛期まで時代を追ってローマ人女性の境遇の変化について議論しているのが特徴といえるだろう。興味のある方は読み比べてみてほしい。

古代ローマの女性史については、日本でも生活史や社会史と絡める形で論じられてきたので、ご存知の読者もおられると思う。そうした日本語の文献と比べた場合の本書の特徴は、目次を見れば一目瞭然なように、王政期から共和政期という古い時代を扱う部分にかなりの紙幅を割いていることである。日本ではどちらかというと帝政初期のローマ人女性の姿について語られることのほうが多かったように思う。アシャールはそれよりも前の時期、それもかなり古い時代のローマ人女性の境遇に光を当てることに力点を置いている。なぜだろうか。

その理由の一つは、おそらく、著者のいう「ローマの女」というのが、本来の都市ローマの女たちのことであって、帝国の拡大と移民・異文化の流入によって大きく変容した後の帝都ローマはもはや本来のローマと同じには扱えないと考えられるからであろう。もう一つの理由は、本書の一番肝心なところと関連している。

アシャールの考えでは、共和政末期から帝政初期にかけて見られた習俗の変容と「女性解放」にもかかわらず、古い時代の気風と女性像は生き残っていたのであり、帝政という新しい体制が定着し人々がそれに慣れるにしたがって、ローマ本来の気風が再び表面に現われるという形で伝統的な女性像が力を取り戻すにいたったという。したがって、変化が起こるよりも前の、本来のローマ人女性のあり方を再現・再構築することのほうが重視されるわけである。そして、この考え方だと、どれだけ表面的な変化が大きくとも、女性観の本質的なところはほとんど変わらなかったことになる。だから、時が経つにつれて伝統への揺り戻しが生じ、共和政末期や帝政初期に見られたような形で女性が表舞台に登場することもなくなっていくのである。このことは、長続きする、安定した両性の平等を実現するために何が必要なのかを考える際、私たちに何らかの示唆を与えてくれるかもしれない。

最後に日本語で読める関連文献を挙げておく。本書のテーマに関する理解を助け深めてくれるだろう。

弓削達『素顔のローマ人』（生活の世界歴史4、河出文庫、一九九一年）
本村凌二『ローマ人の愛と性』（講談社現代新書、一九九九年）
長谷川岳男・樋脇博敏『古代ローマを知る事典』（東京堂出版、二〇〇四年）
ピエール・グリマル『古代ローマの日常生活』（北野徹訳、白水社文庫クセジュ、二〇〇五年）
ロバート・クナップ『古代ローマの庶民たち』（西村昌洋監訳、白水社、二〇一五年）
樋脇博敏『古代ローマの生活』（角川ソフィア文庫、二〇一五年）

元々、この書の翻訳を引き受けたのはかなり前だったのだが、仕事の都合や個人的な事情から原稿を仕上げるまでにかなりの時間がかかってしまった。当初の予定からはずいぶんと遅れてしまったが、とにかく完成に漕ぎ着けることができた。その完成までの間、白水社編集部の小川弓枝氏には大変お世話になった。この紙面を借りて、お礼を申し上げたい。なお含まれる誤りは、無論、訳者の責任である。

二〇一六年四月京都にて

西村昌洋

参考文献

A / 古典資料

古典資料は若干の例外を除き，「フランス大学出版局」のビュデ叢書より引用した。

B / 概説書

A.-M. Verilhac et C. Vial, avec la collaboration. de L. Darmezin, *La femme dans le monde méditerranéen,* II *: La femme grecque et romaine ; Bibliographie*, Travaux de la Maison de l'Orient, n° 19, Lyon, 1990.

C / 総論的著作

C. Herrmann, *Le rôle judiciaire et politique des femmes sous la République romaine*, Bruxelles, 1964.

Histoire mondiale de la femme, sous la direction de P. Grimal, t. I, Paris, 1965.

E. Benveniste, *Le vocabulaire des institutions indo-européennes*, I : *Economie, parenté, société*, Paris, Ed. de Minuit, 1969.〔エミール・バンヴェニスト『インド=ヨーロッパ諸制度語彙集』第1巻『経済・親族・社会』前田耕作監修，言叢社，1986年〕

J. P. V. D. Balsdon, *Roman Women : Their history and habits*, Londres, 2e éd., 1974.

G. Fau, *L'émancipation féminine à Rome*, Paris, 1978.

P. Grimal, *L'amour à Rome*, Paris, Les Belles Lettres, 1979.〔ピエール・グリマル『ローマの愛』沓掛良彦・土屋良二訳，白水社，1994年〕

J. Haudry, *Les Indo-Européens*, coll. «Que sais-je ?», 1981.〔ジャン・オードリー『印欧語』岩本忠訳，白水社文庫クセジュ，2001年〕

C. Mossé, *La femme dans la Grèce antique*, Paris, Albin Michel, 1983.

Histoire de la vie privée (sous la direction de Ph. Ariès et G. Duby), t. I (dir. P. Veyne), Paris, Le Seuil, 1985.

Histoire de la famille, t. I (chap. 5 et 6 de Y. Thomas et A. Rousselle),

Paris, Armand Colin, 1986.
V. Vanoyeke, *La prostitution en Grèce et à Rome*, Paris, Les Belles Lettres, coll. « Realia », 1989.〔ヴィオレーヌ・ヴァノイエク『図説娼婦の歴史』橋口久子訳，原書房，1997年〕
G. Duby, M. Perrot et al., *Histoire des femmes*, t. I : *L'Antiquité*, sous la direction de P. Schmitt-Pautel, Paris, Plon, 1991.〔G・デュビィ，M・ペロー監修『女の歴史』杉村和子・志賀亮一監訳，古代，藤原書店，1994年〕
R. A. Bauman, *Women and politics in Ancient Rome*, Londres, 1992.

D / 個別テーマに関する研究

相当な量に上る文献の中から以下のものを挙げる。

J.-J. Bachofen, *Du règne de la mère au patriarcat*, pages choisies par Adrien Turel, Paris, 1938.
M. Durry, *Eloge funèbre d'une matrone romaine* (Eloge dit de Turia), Paris, Les Belles Lettres, 1950 (introd.).
Keith Hopkins, The age of roman girls at marriage, *Population Studies*, 18, 1965, p. 309-327.
P. A. Brunt, *Italian Manpower*, Oxford, 1971.
M. Humbert, *Le remariage à Rome. Etude d'histoire juridique et sociale*, Milan, 1972.
N. Boels, Le statut religieux de la Flaminica Dialis, *Revue des études latines*, 51, 1973, p. 77-100.
J. Gaudemet, *Le droit privé romain*, Paris, Armand Colin, 1974.
G. Dumézil, *La religion romaine archaïque*, Paris, Payot (2e éd.), 1974.
Joan Bamberger, The myth of matriarchy : why men rule in primitive society?, *in* M.-Z. Rosaldo et I. Lamphere (éd.), *Woman, Culture and Society*, Stanford, 1974, p. 263-280.
P. Zannini, *Studi sulla « tutela mulierum »*, I, Turin, 1976.
M.-T. Fontanille, *Avortement et contraception dans la médecine gréco-romaine*, Paris, Lab. Searle, 1977.
P. Veyne, La famille et l'amour sous le Haut-Empire romain, *Annales ESC*, 33, 1978, p. 35-63.

R. Mac Mullen, Women in public in the roman empire, *Historia*, 29, 1980, p. 208-218.

Mary Beard, The sexual status of Vestal Virgins, *Journal of Roman Studies*, 70, 1980, p. 12-27.

J. Champeaux, *Fortuna, le culte de la fortune à Rome et dans le monde romain*, Rome, coll. « Ec. franç. de Rome », 64. 1982.

R. Schilling, *La religion romaine de Vénus depuis les origines jusqu'au temps d'Auguste*, Paris, De Boccard, 1982.

Jean-Louis Flandrin, *Un temps pour embrasser. Aux origines de la morale sexuelle occidentale*, Paris, 1983.

Michel Gras, Vin et société à Rome et dans le Latium à l'époque archaïque, in *Modes de contact et processus de transformation dans les sociétés anciennes*, coll. « Ec. franç. de Rome », 67, 1983, p, 1067-1075.

D. Gourevitch, *Le mal d'être femme*, Paris, coll. « Realia » aux Belles Lettres, 1984.

Y. Thomas, Le « ventre ». Corps maternel, droit paternel, *Le genre humain*, 14, 1986, p. 211-236.

R. Turcan, *Vivre à la cour des Césars*, Paris, 1987.

Charles Munier, *Mariage et virginité dans l'Eglise ancienne* (*Ier-III^e^s.*), Traditio Christiana, VI, Berne, 1987.

F. Coarelli, *Il Foro Boario. Dalle origini alle fine della Repubblica*, Roma, Ed. Quasar, 1988.

S. Dixon, *The roman mother*, Londres et Sydney, Croom Helm, 1988.

J.-M. Pailler, *Bacchanalia, La répression de 186 av. J.-C. à Rome et en Italie : vestiges, images, tradition*, Rome, coll. « Ec. franç. de Rome », 270, 1988.

訳者略歴
西村昌洋（にしむら　まさひろ）
神戸大学文学部卒業，京都大学大学院文学研究科修士課程修了，
京都大学博士（Ph.D.），西洋史学専攻.
現在，龍谷大学非常勤講師.
訳書に，ピーター・サルウェイ編，南川高志監訳『オックスフォード　ブリテン諸島の歴史一――ローマ帝国時代のブリテン島』（共訳，慶應義塾大学出版会），ロバート・クナップ『古代ローマの庶民たち』（監訳，白水社）.

文庫クセジュ　Q 1005
古代ローマの女性たち

2016年5月10日　印刷
2016年5月30日　発行
著　者　　ギイ・アシャール
訳　者 Ⓒ 西村昌洋
発行者　　及川直志
印刷・製本　株式会社平河工業社
発行所　　株式会社白水社
東京都千代田区神田小川町 3 の 24
電話　営業部　03（3291）7811 / 編集部　03（3291）7821
振替　00190-5-33228
郵便番号　101-0052
http://www.hakusuisha.co.jp

乱丁・落丁本は，送料小社負担にてお取り替えいたします.
ISBN978-4-560-51005-6
Printed in Japan

文庫クセジュ

歴史・地理・民族（俗）学

文庫クセジュ

文庫クセジュ

哲学・心理学・宗教

文庫クセジュ

文庫クセジュ

芸術・趣味